喚醒原動力的熱情測試

指引你活出使命、校準人生軌跡的高頻情緒

THE PASSION TEST

The Effortless Path to Discovering Your Life Purpose

珍妮特．艾特伍德（Janet Attwood）
克里斯．艾特伍德（Chris Attwood） 著

劉佳昕 譯
胡咪 審訂

神聖的存在，

感恩祢賜予我們所有的生命時光。

感恩祢賜予我們的一切。

我們的所思、所行、所感、所獲，皆源於祢。

讓我們成為祢神聖話語的管道，

請依循祢所渴望的方式使用我們，

我們願做祢謙卑的僕人，與祢攜手同行。

願本書的文字觸動所有渴望與祢合一的心靈、

啟迪我們每一個人，

將我們的人生與祢的旨意相校準。

我們滿懷感激奉獻一切。

我們深深致禮。

目錄

目錄

當熱愛逐漸靠近
熱愛具有改變人生的力量

Part2 踏上通往理想生活的捷徑

目錄

好評推薦

「靠著本書中的方法，我親手寫下專屬於自己的五大熱情，接著用夢想設計出自己的人生，活出了獨一無二的未來！」

——Vito大叔，圖文作家、人氣播客、設計人生教練

「熱情測試幫助我們拿掉壓在心上的透明蓋子，走在自我實現的路上，你會發現內心是如此富足而強大。」

——朱芯儀，視障心理師、心理韌性專家

「對我來說，生命熱情就是每一晚入睡時，我會熱切期盼明天早上還能睜開眼睛，繼續體驗人生，不斷實現每一件我真心想做的事。」

——洪培芸，臨床心理師、作家

「《喚醒原動力的熱情測試》手把手帶你找出五大熱情，實踐於生活中。釐清心動的人事物，透過具體方法和工具，成為你生命中的指南，帶領你活出生命的渴望。」

——陳盈君，左西人文空間創辦人

「本書提供了一個簡單有效的方法來幫助你找到內心的熱情。我多麼希望我在二十歲時就讀到這本書，讓我更早開始追尋心中的熱愛。如果你目前正處於人生迷惘或低潮，這絕對是你的必讀之書！」

——路隊長，「好女人的情場攻略」主持人

「這本書讓我們看到，生命可以彙集所有可能性：充滿樂趣、富有挑戰、碩果累累、富有意義。克里斯和珍妮特．艾特伍德將帶你踏上一趟深入心靈的探險之旅，啟發你如何喚醒你的生命熱情，那份熱情正是促使你活出天命的燃料。」

——理查．保羅．埃文斯（Richard Paul Evans），《紐約時報》（*New York Times*）暢銷書《聖誕禮盒》（*The Christmas Box*）作者

「本書讓我欣喜萬分，生命熱情測試是一份非常高效實用的人生路徑圖，指引我們如何透過做自己熱愛的事情來獲得可觀、令人滿足的收入，擁抱豐盛富足的人生。」

——比爾・哈里斯（Bill Harris），中心點研究院院長、《祕密》（*The Secret*）受訪導師

「既發人深省又引人入勝，讓我大開眼界，以非常生動有趣的方式挑戰了我的認知。」

——傑・亞伯拉罕（Jay Abraham），美國行銷之神、《行銷天才思考聖經》（*How To Think Like A Marketing Genius*）作者

「從神經學角度來看，生命熱情測試系統是一個很強大也很有愛的工具。它會幫助你聚焦內心所愛，增強大腦活力，實現你內心最深處的夢想。」

——馬克・沃德曼（Mark Waldman），賓州大學靈性與心智中心副研究員

「我希望每個人都能去做一次熱情測試。過去三十年來，我做過大量的教練諮詢，這三十餘年的經驗讓我發現，持久的成功始於發現、堅持和熱愛。未來你所熱愛之事可能在當

下尚未發明出來，所以，閱讀這本書和每年做幾次熱情測試有助於你保持與內心連結，走在正確的道途上。請送給自己一個充滿熱情的人生吧！」

——史都華．艾默里（Stewart Emery），《成功長青》（*Success Built to Last*）共同作者

「我忍不住一口氣讀完了這本書。書中的故事引人入勝，我差點忘了自己本來是為了做測試而來的。做完測試後我更加意識到，能夠讀到珍妮特的故事，知道她經歷了什麼才抵達生命熱愛之境，是如此的寶貴。」

——耶胡達．伯格（Yehuda Berg），國際卡巴拉中心主管、《卡巴拉的力量》（*The Power of Kabbalah*）作者

「生命熱情測試系統能夠幫助你聚焦於生命中最重要之事。對於這世上任何一地的任何一個人而言，內心的熱忱都是我們取得成功的關鍵因素。做為國際商務網（BNI）的創辦者，熱情測試對我的價值是：它能幫助我了解我的加盟者到底熱愛什麼，因為如果他們並不熱愛自己的工作，縱使一個人擁有全世界所有的能力，也不會竭盡全力在別人希望他從事的

領域取得成功。」

——伊萬・米斯納（Ivan Misner），國際商務網創辦人及主席

「簡單清楚，富有力量，生命熱情測試是一項非凡的工具，幫助你釐清內心的想法，開啟你的夢想人生。」

——瑪茜・西莫芙（Marci Shimoff），《心靈雞湯・女性篇》（*Chicken Soup for the Woman's Soul*）作者

「無論你是已經明瞭自己的人生使命，還是尚待進一步摸索，生命熱情測試都能成為你強大的輔助工具，幫助你踏上圓滿人生的道路。你越知道自己熱愛什麼，實現熱愛的機率就越高。」

——潘卡・納拉姆（Pankaj Naram），世界級阿育吠陀醫生、《自然健康的祕密》（*Secrets of Natural Health*）共同作者

「生命熱情測試本身就是一個非常珍貴的工具，它能幫助你探索清楚到底何為自己人生

中最重要的事情。與此同樣珍貴的是，克里斯和珍妮特・艾特伍德在本書中分享了許多寶貴的經驗，幫助我們更好地活出熱愛的人生。」

——凱薩琳・蘭妮根（Catherine Lanigan），
《尼羅河珍石傳奇》（*Romancing the Stone and Jewel of the Nile*）作者

「我們沒有理由不活出自己真正喜愛的人生。你絕對可以創造你想要的生活，但前提是你不犧牲自己寶貴的精力，浪費在那些並非你最熱愛的事物上。到目前為止，我還沒發現哪樣工具能比生命熱情測試更快、更輕鬆、更有趣、更精準地把你帶向你的熱愛之境。」

——保羅・席列（Paul Scheele），學習策略有限公司董事長

「生命熱情測試的流程太神奇了，它如此簡單有力，幫助我更加清楚日常事務的優先順序，太棒了！」

——D・C・科爾多瓦（D. C. Cordova），
商業精典學院聯合創始人及執行長

「如果你真的想要擁有、活出、成為你真正熱愛的樣子，那麼這本書就是你最佳的指引。珍妮特和克里斯設計了一套強大的系統，絕對有效！」

——謝麗爾．克拉克博士（Dr. Cheryl Clark），
行動人生國際有限公司創始人

「本書扣人心弦、啟迪人心，它必將激勵廣大讀者，幫助他們聆聽來自內心的召喚，發現自身獨一無二的人生使命，並且依據這份召喚與使命來展開行動，充分展現內心深處的壯麗詩篇。我非常喜歡書中的引言、故事和傳遞的訊息。謝謝你們幫助了我們所有人去做人生中最重要的事——活出我們內心深處的夢想。」

——約翰．迪馬提尼博士（Dr. John F. Demartini），
《正負的法則》（*The Breakthrough Experience*）作者

「這是一個簡單神奇的方法，幫助你有效運用自己的心智，擁抱內心的信念，以此創造出你人生的最好版本。」

——安德魯．紐伯格（Andrew Newberg），
賓州大學靈性與心智中心主任、放射學與精神病學副教授

審訂序

清晰就是力量，你是你人生的拓展者

——胡咪，台灣首席國際熱情測試、人生自信力雙認證協導師

當審訂本書至最後一頁時，淚水不可抑制地流下，試圖釐清這是什麼樣的淚水，那是一種對過往的巡禮：「啊！原來『生命熱情測試系統』的每一個練習，都為我的內在帶來至關重要的翻轉。」同時也是對珍妮特、克里斯兩位恩師，以及宇宙源頭深深的愛與感恩。

我的人生分為熱情測試前與熱情測試後。

此前的我，生活看似幸運卻如此混沌。擁有一個光鮮亮麗的外在標籤——補教名師，每日穿梭於台灣各個不同城市上課，看著講台下數百名學生或埋頭抄筆記，或被某個笑話逗得樂不可支；考試後，學生們金榜題名，我則是接受新聞媒體採訪考情資訊與見解。擁有閃閃發光外在成就的同時，我的內心卻湧現各種自我懷疑與內在衝突：「我只是幸運擁有一些機會，其實根本沒有多厲害。」「我能為孩子們的學習提供幫助，那我還能給自己什麼呢？」「我的生活狀態就止步於此嗎？還有沒有更多的可能性？」我有很多的不自信、疑惑，卻沒

有清楚的頭緒，只是急於打破現狀，於是選擇匆匆步入婚姻，試圖以某種看似人生階段的跨越，為一成不變的生活注入活水。

一如本書中所言，「模糊的渴望只會帶來模糊的結果」，很快，我的生活不僅變得模糊，甚至可說是一團混亂，無論是人際、愛情、家庭、財務、工作，都上演荒誕又痛徹心扉的劇情，彷彿陷入萬劫不復的僵局。

過去，在職涯遭遇倦怠瓶頸時接觸到「生命熱情測試系統」，在珍妮特、克里斯的引導下，找到了人生前五大熱情，然而我卻沒有力行。因為，它真的太簡單了，簡單到讓我認為：「就這樣？我寫的這些真的就是生命前五大熱情？就只是家人、平靜、健康？這未免也太簡單、太普通了吧！」

直至我陷落谷底，再無他法讓自己振作，才終於決定正視自己的五大熱情，向其而生——**無論何時，當你面臨一個選擇、決定或者機遇之時，永遠選擇你的熱愛所在！**

「面向全球，以愛啟迪他人」這是我的熱情之一，此後我積極開設工作坊、舉辦讀書會、演講、授課、錄製 Podcast，帶著愛的覺察，分享所學、所感，這些內容確實以不可思議的力量傳播到了全球各地。「活在豐盛喜悅寧靜和平中」這是另一項熱情，練習拜倫．凱蒂的「功課」，鬆綁執著的念頭；學習超覺靜坐，讓注意力回到「我自己」，不再四散各處，這些都讓我更加專注平靜，心智益發純粹平和。「擁有相互支持成長的親密伴侶」這一熱情，更是讓我勇敢結束婚姻，也是後來能再度擁抱一段親密關係的關鍵。

最神奇的是，**當我專注某個熱情時，其他的熱情經常伴隨著一起達成**，例如：我帶著愛與覺察分享的內容，獲得學員與聽眾的支持，收到的迴響與謝意總讓我溫暖滿溢，內在也一日日地豐盛喜悅起來。熱愛人生的其中一項法則就是：「當你開始遵循你的熱愛做出選擇，生活就會以你意想不到的方式開始發生改變。」我已然親身體驗，而閱讀書中許多故事，你勢必也將對此有深刻的體會與感受。

多年來跟隨珍妮特和克里斯學習，他們真正活出所教導的模樣，活在與宇宙校準為一的自然之流裡，讓我感受何謂身正為範。我也透過躬行實踐，認清自身過去的輕慢，轉而服膺大道至簡；這些過去我認為簡單的，正是日常生活中忽略的，因為眼光總是看向遠方，以至於誤認他人加諸的期待是自己想要的；或集體意識影響下，削弱本自俱足且獨一無二的珍貴能力。而「生命熱情測試系統」中所提供的每一個練習，正是可以協助向內探索的工具，**只要你願意懷抱著敞開的心，就能反璞歸真，將個體智慧與大自然的智慧相互融合**。

「認為『我沒有價值』、『我做不到』、『我不夠好』就是一些典型的不真實信念，這些信念會阻礙你順利行駛在圓滿人生使命的宇宙高速公路上。」熱情測試後的我，同樣也會遇到挑戰，不同的是，有意識地抛開阻擋活出熱愛生命的不真實想法後，內在更加清晰堅定，明白了生命就是一場宇宙的大型體驗設置，因為愛讓我能經歷挑戰，選擇擁抱當下每一刻，如其所是，這些考驗最終都化為禮物，讓我更加茁壯。我期待你也能對此有所感受，無論外在境遇如何，都能帶著覺察做出改變的行動，同時內在平安寧靜。

身為一位熱情測試協導師，無比感恩能夠在工作坊與個案中，陪伴來到我面前的夥伴探索生命熱情與跨越限制性信念，那是彼此一生擴展的重要時刻。一位協導師，可以助你更快進入「生命熱情測試系統」；現在，你也可以做為自己的喚醒與拓展者，透過珍妮特和克里斯百分百敞開的分享，一步步協助自己找到生命五大熱情。**「清晰就是力量」，懷著明晰的創造力量，在行動中「設定意圖、保持專注、放鬆臣服」，擁抱生命之流，活出圓滿人生，世界必因你而豐盈美好。**

推薦序

清楚自己想要什麼，是幸福的基石

——T・哈福・艾克（T. Harv Eker），巔峰潛能訓練公司董事長、
暢銷書《有錢人想的和你不一樣》（*Secrets of the Millionaire Mind*）作者

你是否有過對生活感到沮喪或懊惱不已的時刻？你是否有過覺得夢想似乎永遠也無法成真的時刻？若是如此，那麼這本書將幫助你改變這一切。

大家都知道，做自己熱愛的事是開啟幸福圓滿生活的關鍵。然而，對許多人來說，最困難之處在於如何弄清楚自己真正熱愛什麼。

我常說，**人們得不到自己想要的東西，其首要原因就是他們根本不知道自己想要什麼**。生命熱情測試提供一個最簡單明確的方法——清楚知道你是誰，讓你開始去探索自己真正想要的人生。當你列出那張涵蓋你理想生活的十至十五項要素清單時，你會驚訝地發現，到底什麼東西於你而言是真正重要的。

「清晰」是成功的關鍵，因為「清晰」能帶來力量——行動的力量——那是生命成就、

圓滿與幸福的基石。如果沒有一個清楚的方向，你要麼會倍感無力，要麼會原地打轉。更糟糕的結果是，你將永遠無法發揮出你的全部潛能，因為你不敢全力以赴。

當然，不是任何一個方向都可以，這條路也會充滿挑戰荊棘，但我們每一個人都是獨一無二的，**我們每一個人都帶著與生俱來的天賦禮物，可以貢獻給這個世界，我們都擁有自己的才華**。想要真正的幸福，我們必須發揮這些獨特之處，為他人的生命增添價值。

「生命熱情測試」會幫助你發現你獨特的天賦禮物，在你閱讀本書的過程中，將有機會進行這個測試。然後，是否要把這個禮物送給需要你的人，是你的選擇。

願你自由！

「在人的一生中，
有兩個偉大的日子：
我們出生的那一天，
和我們明白為何出生的那一天。」

——威廉・巴克禮（William Barclay），蘇格蘭神學家、作家

前言

追尋心中熱愛，你將活出更好的人生

活出充滿熱情的人生到底意味著什麼？興奮、滿足、感動、激動、點燃、充滿意義、倍感振奮、動力十足、好玩、輕鬆、有趣、停不下來等，那是一種與你的天命校準一致的生活。我們都希望自己的生命是富有意義的，我們都希望熱愛著自己所做的事，對每一天的生活都充滿期待、滿懷熱情，感受到自己對這個世界確實做出了富有價值的貢獻。

然而，要如何才能發現什麼是你真正所熱愛的事呢？這就是本書想要與你分享的。在正式開始之前，我們有幾點想先告訴你：

1. 在生活中創造任何你想要的東西，關鍵是什麼？
2. 簡單介紹我們是誰。
3. 本書帶你進行的「內在功課」是什麼，為什麼它對你的成功至關重要？

4. 熱情和使命是怎麼互相影響的？

現在，讓我們開始吧！

設定意圖、保持專注、放鬆臣服

這則智慧是我們的好朋友兼顧問比爾．萊瓦希（Bill Levacy）分享給我們的，強烈推薦你將之變為你的口訣，因為它是幫助你在生命中創造任何想要之物的核心法則。

- 設定意圖（Intention）：有覺知地陳述你想在生命中創造什麼，這是成功顯化想要之物的第一步。
- 保持專注（Attention）：將注意力聚焦於你想在生命中創造的事物上，與之相關的東西就會隨之顯現。
- 放鬆臣服（No Tension）：當你對當下所發生的事情保持開放的態度，你就允許了更廣闊的可能性流經你。當你拚命抱持著認為事物應當如何發展的執念，你就切斷了生命之流，進而無法享受活出人生使命的圓滿。

我們是誰？

如果我們是你，應該會很好奇，在此談論著如何發現生命熱情的這兩個人到底是誰？

珍妮特在她早年的職業生涯中，曾在西班牙和義大利服務上千人的餐廳及飯店擔任管理職。此後，她在工作的每家公司都獲得了銷售冠軍的殊榮，並創立了兩家成功的企業（其中一家在該產業名列前茅）。她曾任職於一家教授成功法則的培訓公司，也曾負責管理全美第三大圖書公司——悅讀圖書公司（Books Are Fun）的市場行銷部，帶領該部門創下史上最高業績，後來，該公司被讀者文摘公司以三．六億美元收購。

克里斯則在他的職業生涯中管理過十家不同的公司，分別在這些企業裡擔任總裁、總經理或執行長等職位。在一九八〇年代早期，他成為一家證券交易公司的總裁，此後他隱世十餘年，潛心探索人類意識領域，深入研究古印度吠陀文化經典。

我們兩人都致力於精神修行，冥想一直是我們生活的重要根基。

珍妮特曾追尋她的夢想、偏離夢想的道路、又再一次回到夢想的道路上、又再一次地偏離，這樣反反覆覆許多次，而克里斯的道路也幾經類似。誠然，我們多數人都很容易遇到一種情況：**起初會因為夢想而熱血沸騰、興奮不已，但之後又覺得自己不得不承擔某種「責任」，或者我們對於什麼能帶給自己幸福，有了新的想法（例如：我們認為結婚可以使我們幸福），因此，我們暫時偏離了夢想的軌道**。

有的人終其一生可能都在偏離自己的軌道，我們希望能夠幫助你走上屬於你的天命道途，或者幫助你確認你已經踏上的道途是否適合你，因此才合寫了這本書。

二○○○年十一月，珍妮特接到了一通來自馬克．維克多．漢森（Mark Victor Hansen）的電話，馬克是現象級暢銷書《心靈雞湯》（*Chicken Soup for the Soul*）系列的作者之一，在那之前，他與珍妮特就是多年的好友了，那時珍妮特還在悅讀圖書公司工作。

馬克在電話裡說：「我正在與財經暢銷書《零頭期款》（*Nothing Down*）的作者羅伯特．艾倫（Robert G. Allen）共寫一本新書，希望你能與我們合作，一起來推廣我們的新書。」

珍妮特感到非常興奮，馬克向她闡明了自己的想法，然後邀請珍妮特撰寫一份商業計畫書，要求三天以後給他。珍妮特描述了當時自己的感受：

在馬克提到商業計畫書的時候，我感到有些洩氣，這可不是我所擅長的事。但就在那時，靈感來敲門了。

我和前夫克里斯自離婚以後，一直保持著好朋友的關係，常常往來。克里斯擁有工商管理碩士學位，且非常精通撰寫商業計畫書這類東西。他的技能與我完美互補，我突然想到，或許我們可以來合作這個項目。

我打了通電話給遠在加州的他，向他描述了一下前情概要，然後問他能否在接下來的三天之內幫我擬好一份商業計畫書。他非常樂意與馬克、羅伯特一起共事，但不喜歡要在這麼短的時間內就擬出商業計畫書。他告訴我製作這份商業計畫書至少需要三週，而且現在他自己的本職工作量已經過多了。

我只能寄望於他那顆善良的心，說：「難道你就不能把它當作聖誕禮物送給我嗎？」

克里斯果然是一個能夠靈活變通的人，他說好，他會起草一份商業計畫書的大綱，做為我們與馬克、羅伯特下一次電話會議的基礎。

那一刻，開啟了我們堅不可摧的合作夥伴關係，我、克里斯與馬克、羅伯特共事了一年的時間，創立了「覺醒的百萬富翁」項目，那是我們共同設計的課程，為期一年，最初的靈感就來自於我們為推廣新書而撰寫的那份商業計畫書。

在專案期間，我們和數百人一起工作，我再一次體會到了「活出熱愛的人生」到底意味著什麼。

同年，我們也開始教授生命熱情測試系統課程，熱情測試是珍妮特在三十多歲時為了幫助自己更好地生活而發明的。我們發現它對人們的生活竟有如此深刻的影響，如今，我們已在世界各地幫成千上萬人做過熱情測試了。每當聽到人們描述熱情測試是如何徹底改變了他們的生活，我們都感到非常振奮和感動。以下是來自幾位測試者的回饋——

• 賈桂琳・布特納博士（Dr. Jacalyn Buettner）：「做完生命熱情測試之後，我才意識到我最熱愛的五件事之一，竟然是與我的兩個兒子一起在國外旅行。就在我做完測試、搞清楚熱情的兩天後，我便收到了我朋友寄來的一封郵件，邀請我和孩子乘坐他們的船一起去東加旅行，協助拍攝一部鯨魚探險紀錄片。你可以想像我有多麼驚訝！珍妮特是對的，她曾說過『你所關注之處，在你的生命中必將變強』。我強烈推薦所有現在就想顯化夢想的朋友來做一做生命熱情測試！」

- 傑佛瑞．布朗（Jeffrey Brown）：「做為曾經獲得奧斯卡和兩度獲得艾美獎的導演，我卻一度迷失了方向，我開始為玩具公司拍攝嬰兒商品廣告。是你們的生命熱情測試工作坊和書籍，帶我回歸我真正的承諾——運用電影的力量為世界帶來改變。所以一年後，現在的我，重歸我夢想中的生活了。我全心投入了七部紀錄片的製作工作，也著手準備拍攝自己人生中的第一部紀錄片。現在我和一群無比美好的人共事，感到前所未有的滿足和幸福。」
- 迪．伯曼（Dee Berman）：「這個幫助我找到生命熱情的流程令人難以置信，對我來說是無價之寶。多年來，我一直在尋找解決內心困頓的答案，但總是兜兜轉轉，無法如願。如今我已親眼見證到，做完生命熱情測試後，我終於踏上了那條我熱愛的旅途。我真的很興奮，隨著我繼續整個流程的下一步，我的能量也流動起來。」

今天，我們在活出生命熱情的旅途上依然彼此鼎力相助，不論我們所熱愛的事看起來是否合乎常理，而這樣做的結果是，我們獲得一個遠超乎想像的幸福人生。

在本書的 Part1 中，我們會穿插講述珍妮特如何實現自己所愛的故事。請留意故事中所包含的經驗教訓，因為這些經驗教訓對於幫助你實現自己的天命也十分重要。

修習內在功課

在我們的線上雜誌《健康、財富與智慧》（*Healthy Wealthy nWise*）中，我們每個月都會採訪幾位當今世界知名的心靈導師。許多導師在他們的採訪中都有提到，現代社會裡很多人都不願意從忙碌的生活裡抽身，花費一些必要的時間去做自己的「內在功課」。大多數人都會擔憂，一旦他們停下來，不去「做事」，他們便無法賺取生存所需、照顧好家庭或按時還貸款等。

然而，任何一位偉大的老師都會告訴你，你最偉大的收穫是無法藉由流於生活表面的「思考」或「做事」來創造的，它們只能藉由深入內在、汲取我們每個人都擁有的那份無限創意與智慧的源泉，才能創造出來。

在本書中，我們將從四個層面與你分享活出幸福人生所需要的核心知識：**思想層面**、**情感層面**、**精神層面**、**身體層面**。而且我們相信，任何值得做的事總是會包含一些喜悅和趣味的元素。

所以，我們以有趣的方式，把這本書編寫成一本互動式的書籍。我們邀請你和我們一起玩，在閱讀的過程中，積極參與整個生命熱情測試流程，並且在完成本書的練習後，持續暢想與觀想你所熱愛的生活。

什麼是人生使命，你擁有人生使命嗎？

你當然擁有自己的人生使命，我們所有人都有。想想看，在這個世界上沒有任何一個人是完全相同的。你是獨一無二的，你擁有某種獨特的天賦禮物，是他人無法給予這個世界、只有你能夠給予的。你之所以擁有這些天賦，是因為在這個世界上有一個特殊的地方，能夠發揮你特殊的作用，要想充分發揮這個作用，需要你運用那些天賦。

當你盡情去發揮你的獨特作用時，你便活在你的使命當中了；而當你與使命校準一致的時候，你的生活就會充滿了喜悅、快樂、興奮與滿足感。

你的生命熱情就是那些由心而發、深切熱愛的事情，它們是對你來說最重要的事情，是

那些你一說起來、一做起來就會雙眼發亮的事情。

你所愛之人和你所愛之事是相互關聯的，而且，在許多案例裡，你與所愛之人的美好關係，很可能剛好就是你熱愛的事物本身，人們常將自己的伴侶、家人或孩子列入他們的前五大熱情裡。對大多數人而言，你會與你的團隊一起來實現你的使命，而你的家庭常常是你最重要的團隊。

熱情與愛不可分割，因為它們都源於你內心深處。當你追尋心中的熱情時，你會無可避免地愛上你的生活。

賓州大學靈性與心智中心的神經科學家安德魯．紐伯格和馬克．沃德曼博士曾做了一項研究，探索我們的信念與我們在世上所創造事物之間的關聯，他們合著了一本廣受好評的書——《生而相信》(*Born to Believe*)。

我們與他們討論過，為什麼當一個人做自己熱愛之事的時候，會感受到與日俱增的意義感、喜悅感和滿足感？他們是這麼回答的：

當你聚焦於你所熱愛的事，你的大腦會非常開心。你越是聚焦在真正熱愛與渴望的事物上，在大腦邊緣系統中，控制恐懼、憤怒、憂鬱、焦慮等負面情緒的部分就會降低音量，這能讓你的大腦更清楚地思考。

與此同時，你還把邊緣系統中產生積極情緒的部分調高了音量。這時，你的大腦就會釋放出多巴胺、腦內啡，以及降低壓力的荷爾蒙和神經傳導物質。你越關注自己真心愛做的事，你會變得越健康，也越能感受到那些降低壓力的神經化學物給你的身心帶來積極的影響。

你獲得了一箭雙雕之效，一旦你將自己與對你而言最重要的事物校準一致，你的消極情緒就會減少，你的積極情緒就會增強。

所以，追尋生命熱情對健康大有裨益，但這與你的人生使命又有何關聯呢？**你的熱情並不等於你的使命，但它們是通往人生使命的線索與鑰匙**。在生活中，你越去做自己真正熱愛的事，你與自己的使命就會越發靠近。在本書的Part2，你會讀到我們對當今世界部分成功人士所進行的採訪，你會發現他們的使命感，正是從他們充滿熱情的事物中產生的。

天命是一生的旅途。隨著時光流逝，**當一個人對自己的認識和理解越漸深刻，你所熱愛的東西很可能也會發生本質或形式上的變化**。一旦你開始追尋心中熱愛，你會無法抗拒地被它牽引著，直到有一天醒來，你發現自己已經活在滿載熱情的人生裡，並且深深體會到一種使命感。這一切都源於了解你最重要的生命熱情是什麼，在讀完本書之前你會搞清楚的。

還記得一開始我們分享的那句口訣嗎？那則能夠幫助你活出使命的簡單公式是：

> **設定意圖、保持專注、放鬆臣服**。

現在，讓我們在心中設定這樣的意圖：在你閱讀本書的過程裡，你會發現自己真正的熱愛所在，並開始活出你與生俱來、值得擁有的幸福人生！

PART 1

喚醒
你的生命熱情

第1章

失去熱情，代表轉變的契機

「當你追尋心中的熱愛時，在你意想不到之處，門會出現；在原本沒有門的地方，門會為你敞開。」

——喬瑟夫·坎伯（Joseph Campbell），
美國神話學家、作家

克里斯問道：「這趟旅行如何？」

珍妮特回答：「這絕對是我有生以來最棒、最神奇的經歷！」

「到底發生了什麼事？」

珍妮特的臉龐劃過一道恍惚的表情。

「我肯定是頭昏了才會幹出這種事！」她說，「有一個星期我生了重病，臥床不起；還有一次我不小心滾下山崖，差點沒命；在喜馬拉雅山上，我簡直凍得發僵，還被驢子踢傷；最後還必須自己一個人穿越印度，我發誓，這種事情我再也不會幹第二次了！」

當然，除此之外，珍妮特的印度之行仍然是她一生中最美妙的一次旅行。她遇見了逾六十位聖者——那些因其智慧與覺醒而備受尊崇之人。她也採訪了其中的四十多位，拍攝了一部紀錄片並出版同名書籍——《聖者箴言》（*The Saints Speak Out*）；她一路跋涉至恆河之源，探訪喜馬拉雅高山深處，獲得了生命中最寶貴深刻的洞見。

後面我們將更深入地分享珍妮特是怎樣運用她的熱情，創造出這趟顛覆生命的旅途，以及隨之而來的非凡經歷。但是現在，讓我們先來談談你的生命熱情吧！

你為什麼會拿起這本書呢？

或許你渴望一個更幸福圓滿的人生；或許在你內心深處的某個地方，你隱約感受到自己

的天命遠不止如此，或者它與你現在所走的路截然不同。

我們深感幸運和感激的是，我們已經發現了怎樣才能活出充滿熱情的人生。這個發現和探索著實花了不少時間，我倆都曾在商業世界忙碌打拚了三十多年，其中大部分時間過得並不容易。我們很理解努力工作數週、數月、數年，拚盡一切只為了讓自己從朝九晚五、勉強維生、靠薪水度日的生活裡解脫出來，是一種什麼滋味。

或許你已經參加過很多教你如何投資房地產、股票，或在自己的行業裡賺到錢的課程了，或許你也看過類似的電視節目，或者嘗試透過做直銷、電商或兼職來為自己掙些外快。或許你體驗過一次又一次偉大計畫泡湯是一種什麼樣的感覺；你知道當沮喪和氣餒再次襲來、將你淹沒是一種什麼樣的感覺；在夜裡，你輾轉反側，不禁疑惑：「**這一切真的值得嗎？**」

我們也有過類似的經歷，我們發現，**當我們有這種感覺時，代表我們未能與我們的天命校準**。但我們其實可以迅速改變這種情形，如同珍妮特所做的那樣。

當動力漸漸從生活中消失

珍妮特的旅途，是從孩童時期在路燈下跳舞的那一刻開始的。

珍妮特：我八歲的時候，夜裡常常躺在床上，等待著所有的家人們入睡。然後我會悄悄地溜出家門，進入我夢幻般的想像世界裡，這是我一天中最喜歡的時光。在街角的路燈下，我的世界變成了一個明亮閃耀的舞台，而我變成了一位美麗、舉世聞名的女演員，正在成千上萬狂熱的崇拜者面前進行表演。我盡情地歌唱和舞蹈，一直到天明，在我的街角舞台上，我是那麼地活力四射、自由自在。

每當叔叔嬸嬸來拜訪時，我都會央求爸爸一定要讓我為他們進行歌舞表演。我猜想，每當爸爸把大家集結到客廳裡，觀賞我的百老匯表演時，哥哥和姐姐一定很討厭我吧！那時候，米琪和強尼總會無比尷尬地從後門偷溜出去。

畢竟，我唱歌經常走音，也不懂得怎麼跳舞，但我對於在人前表演的狂熱喜愛，壓倒性地戰勝了我對於才華方面的不安。對於為每一位拜訪我家的客人帶來歡樂這件事，我是毫不猶豫的。

我不停央求父母讓我去附近的一所戲劇藝術學校——「帕薩迪納戲劇學院」學習，但他們的回答是：「對不起親愛的，我們真的沒有錢讓你報名藝術課程。」

我十歲時，爸爸賺的錢變多了，同意了我經年累月的請求，但那時我已經覺得希望破滅了。我看著爸爸，傷心欲絕地對他說：「我願意上帕薩迪納學院，但是一切都太遲了，我已經太老了。」我當時覺得，既然我已經比秀蘭・鄧波爾（Shirley Temple）成名那時的年紀更大，我儼然已經輸在了起跑線上。

就在那命運的關鍵一刻，我的夢幻世界崩塌了，我正式進入了殘酷艱難的現實世界。哥哥和姐姐都不會在清晨的街燈下玩扮演遊戲，我也是時候該長大了，也該認清我已經不再是幹那種事的年紀了。而那正是我大錯特錯的地方。

到我十八歲的時候，我不再憧憬和夢想，開始過起了一種毫無熱情的「現實生活」。我一刻也不曾考慮過我愛做什麼、甚至不去想我想做什麼，這些都被遺忘在塵封的角落裡。

當我需要一份工作，我瀏覽職缺廣告，滿腦子想的問題都只是：「這份工作辛不辛苦？能賺到多少錢？」

一九八一年，我進入位於加州矽谷的一家科技獵人頭公司，當時矽谷正處於全盛時期，這家公司的主要業務是招募硬體工程師，事業做得非常成功。公司裡專門設置了一個鈴鐺，每當有人成交一筆訂單，就會搖響一次鈴鐺，一天之中，這個鈴鐺總會響起很多次。

不幸的是，鈴聲從未為我響起過。我眼看著同事們成交了一筆又一筆的訂單，大家都彼此慶賀，有人買了新房、新車，有人享受著完美的假期——而只有我，日復一日坐在辦公桌前等待著下午五點的到來，每一天我都帶著羞愧、氣惱、尷尬、沮喪和難過的情緒下班，並且每況愈下。

我當初之所以被這家總共有十二個人、盈利豐厚的菁英公司聘用，原因十分簡單——這家公司的員工大多數都是我的朋友。當公司出現職缺的時候，他們一致覺得：「珍妮特很適合這份工作。」一在大家眼裡我很擅長與人聯繫、交際、構建人際網絡，而且總是充滿活力，什麼事都搞得定。

然而，大家不了解我的是，我缺乏左腦、工程方面的思考能力，大家都沒有想到（連我自己也沒有），我完全沒有辦法跟硬體工程師交流。

感受心中的悸動

有一天，我偶然看到一張海報，上面介紹了一場名為「邁向成功」的講座，一種奇怪的感覺遍布我全身。我知道我必須去參加這場講座，便毫不猶豫向公司請了病假。

講座的主講人是一位年輕優雅的女性，名字叫作德波拉．伯娜曼（Debra Poneman），她演講的重點是「發現生命熱情」的重要性。

我看著德波拉在台上演講，興奮地談論著時間管理、目標設定等知識要點，但我對她本人的興趣遠遠超過了她所講的內容本身。

毫無疑問，她就活在她的熱情裡，這表現在她的舉手投足之間，德波拉所展現出來的，就是一個真正快樂之人的樣子。她就在那裡，那個「完美的女人」，不僅用她深刻的智慧，而且用她所散發出來的愛，激勵在場的每一個人。而且，她還可以環遊世界，用她熱愛的事情來賺錢，還做得如此卓越。

德波拉教導我們，**如果我們從一個人身上看到我們也想擁有的東西，我們需要超越嫉妒和憤恨，只需對自己說：「這也是為我而來！」**

在我看著德波拉的時候，我將這句話牢記在心。我閉上眼睛，默默地在心中念著我新學的黃金咒語：「這也是為我而來！這也是為我而來！這也是為我而來！」

講座結束時，我意外獲得了命運女神的垂青，有機會開車送德波拉去機場。我們在等飛機的時候，德波拉轉身望向我，看著我的眼睛，問道：「珍妮特，你的夢想是什麼呢？」

我看著她，激動得語無倫次：「我很高興你終於問我了！我今天正在想，你要麼最好聘用我，要麼你就得讓位了，因為我要成為世界上最成功的勵志演說家！」

就在那時，飛機的廣播響起，德波拉即將登機。她沒有回應我剛才說的話，只是給我一個擁抱，然後就迅速轉身離開。我只得安慰自己：「她還不了解真正的我呢！」

我是那種一旦清楚自己真正想去的方向，立即就可以做出改變的人。第二天回到公司，我就知道，我每天毫無熱情、混日子的時光就要結束了，我滿腦子都在想：「怎樣才能說服德波拉聘用我呢？」

終於，我想到了一個我覺得一定能打動她的方法。上次講座結束時，德波拉發給我們一張課程表，她接下來會去這些地方進行巡迴演講：紐約、波士頓、華盛頓、費爾菲爾德、愛荷華和洛杉磯。

我下定決心，無論如何我都要弄到足夠的錢，飛往每一站，坐在她每一場講座的第一排。這樣每次德波拉走進來的時候都會看到我，她會知道我是認真的。目前我萬事俱備，只差追隨她巡迴演講的錢了。

當天晚上，我去到我常去的超覺靜坐中心，見到了一位老朋友。她隨意問起我最近怎麼樣，結果我以充滿熱情的超大聲音回應，嚇了她一大跳。我向她宣布，我終於找到我來到地球上的使命！接著，我跟她細述了我要參加德波拉所有講座的計畫。

第二天晚上，我和這位朋友又在靜坐中心見面了。冥想結束以後，我正準備起身，她打開她的錢包，把十張嶄新的百元美鈔撒在了我的頭頂上，大聲笑著說：「聖誕快樂！」我坐在那裡，驚訝地張大了嘴巴。我淚如泉湧，非常感激她願意相信我，我承諾我很快就會回報她那非凡的慷慨之心。

於是我按計畫行事，跟隨德波拉飛往一站又一站，參加了她在每一座城市的講座。直到最後一站洛杉磯，她才終於走到我的面前，對我說：「好吧，如果我擺脫不掉你，那不如好好使用你吧，你被錄用了！」

這當然是非常激動的一刻，我正式踏上通往夢想的旅途了！不過，在我參加德波拉講座期間，還有一項更為重要的事情發生了——那就是「生命熱情測試」的誕生。

第2章

生命熱情測試的誕生

「我來此有我生命的目的。我志在長成巍峨的高山，而非零落成一粒微塵。為此我將用盡全力高聳入雲，我將施展我的全部潛力，不遺餘力。」

——奧格·曼迪諾（Og Mandino），

《世界上最偉大的推銷員》（*The Greatest Salesman in the World*）作者

每個人的本能都是非常個人化的體驗，一旦你開始做你愛做的、真正有熱情的事情，你的生命將會不受阻攔地朝著你甚至無法想像的方向前行。

隨著本書 Part1 的開展，我們將與你分享珍妮特在明確了解生命中最大的熱愛，也就是她的「生命熱情」之後，發生了什麼不可思議的奇蹟故事。

我們常常會深陷「如何」的泥沼當中：我如何才能弄到那筆錢？我如何才能擁有充足的時間？我如何才能學到這項或那項技能？但是你會發現，你最需要知道的不是「如何」，而是「什麼」。而幫助你弄清楚「什麼」——你熱愛的事到底是什麼——就是本書的重點。

跟隨著珍妮特的印度之行，你會看到金錢如何從意想不到的地方冒出來，也會看到她的渴望如何主動找上門來，而非她費力追逐才能實現。我們會分享讓她始料未及的事件，以及當一個人與他的天命校準後，那些熱情之路上看起來不可避免的不適與不便，最後是怎樣變得無關緊要的。

讓我們保留上述期待，現在先回到珍妮特發展出熱情測試的過程吧！

人生最必要的五件事

珍妮特：在演講的第二天，德波拉提及了一項針對美國當時最有影響力、在財富上最成功的一百位人士的調查研究。該調查發現這些超級成功、有影響力的人都有一個共同點。

「有誰能猜到這個共同點是什麼嗎？」德波拉問。

聽眾大聲喊出猜測，希望能夠正中那個魔法答案，但德波拉都只是搖搖頭。

「那個共同點會是什麼呢？」我費力思忖著。

彷彿過了一個世紀那麼久，德波拉才終於說：「研究發現，**這些有影響力的成功人士，都實現了對他們來說活出理想人生最必要的五件事**。」

就這麼一句簡單的話語，我的人生卻從此改變。換言之，我生命的華燈在這一刻亮起，事實上，那亮起的更像是絢爛的煙火！

德波拉繼續說，**了解自己想成為什麼樣的人、想做什麼事、想擁有什麼至關重要**；一旦你設立了目標，你也可以成為成功且有影響力的人，這非常簡單。

在德波拉切換話題，講到該怎麼穿衣服才能獲得成功時，我仍然沉浸在自己的世界裡，還在想著那個調查。「現在我很清楚了，一個人必須做的就是確定自己最重要的渴望到底是什麼。」我這麼想。

回家後，珍妮特認真坐了下來，擬出了一份清單，這份清單包含十五項她此生最想做的事、最想成為的樣子和最想體驗的事物，然後篩選出了其中最為重要的五項：

1. 我是一位成功卓越的勵志演說家，在世界各地鼓舞人心。
2. 我坐著頭等艙環遊世界。
3. 無論走到哪裡，我都享受女王般的款待。
4. 在生命的各個方面我都給予愛、接受愛。
5. 我擁有一個開明的工作團隊。

她用來梳理這五大熱情的流程簡單而獨特，就是現在我們所知道的「生命熱情測試」。稍後我們會向你介紹熱情測試，但是先讓我們來弄清楚，為什麼做你熱愛的事情如此重要？

成功，來自於享受其中

有一位朋友分享了一個真實故事，詮釋了做最享受之事的重要性，故事是這樣的：有一次，一位喜愛收集名人簽名的女孩正在機場候機，她看到有許多人簇擁著一位身著白色長袍的矮小男士。

看到眾人圍繞著他，想必此人很有名氣，於是女孩走向不遠處的一位陌生人，詢問這位白衣男士是誰，陌生人回答：「那是瑜伽行者瑪哈禮希・瑪赫西・優濟（Maharishi Mahesh Yogi），一位來自喜馬拉雅神山的偉大聖者。」

女孩興奮地跑到瑪赫西跟前，急切地想跟他要簽名。瑪赫西接過紙筆，注視著她的眼睛，緩緩地說：「我想寫給你比我的簽名更重要的東西。」然後，他在那張紙上寫下了一個詞：「享受其中。」

瑪赫西想要傳遞的訊息是什麼呢？生命的意義在於享受其中。**當你不再享受其中時，你已脫離了生命之流，偏離了你的人生使命**。

再次回到這個問題：享受你所做的事情為何那麼重要？想想古往今來那些最偉大的人，每一個人——無一例外——都愛著他們所做的事，每一位都是如此。他們或許曾遭逢生命的不易，他們一定也面臨過重重挑戰，但是，他們仍熱愛著自己所做的事，矢志不渝。

現在，再想想你認識的那些真正快樂的人是什麼樣子？他們是不是非常熱愛自己所做的事？或許他們人生中的某些部分尚存挑戰，即便如此，他們依舊熱愛生活，喜愛自己的生活方式，也深愛著與他們相處的人，對吧？

對我們來說，這是顯而易見的：**要想取得任何領域真正的成功，前提都是你對做這件事情擁有極大的熱情**。

熱情和享受是否互相影響呢？當然是的！熱情是你的內在之火，經由你對事物的熱愛，以及你與自己最深層的熱忱相連時，那種油然而生的意義感，不斷驅動著你向前。享受正是從這股愛與意義感的結合中產生的。

熱情測試會幫助你弄清楚最熱愛、最重要之事，它給予你有效的途徑，將你的生命與真正讓你享受其中的事物相校準。

熱情測試極具力量的另一個原因是，它是一個系統。《韋伯字典》（*Webster's Dictionary*）是這樣定義「系統」一詞：

1. 一組有規律地相互作用或相互依賴的事物所組成的一個統一整體。

2. 一套有組織的學說、思想或原則，通常用來解釋一個系統整體的安排或運作。

3. 一種有組織或已建立的程式（如「打字觸碰系統」）；一種分類、象徵或圖示化的方式（如「分類系統」、「十進位系統」）。

4. 和諧的安排或模式。同義詞：秩序（如「從混亂中帶出系統」）。

一個系統能為人提供秩序，節省時間，讓一個人耗費的精力與成本都更少。它是一種能夠產生結果、有組織的既定程式。羅伯特・艾倫和馬克・維克多・漢森曾在他們合著的書籍《一分鐘億萬富翁》（*The one minute millionaire*）裡使用了一個有趣的縮寫，讓我們更容易記住系統的價值：**系統（SYSTEM）＝節省（Save）自己的（Yourself）時間（Time）、精力（Energy）和金錢（Money）**。

熱情測試是一個能幫助你發現人生使命的系統，你的人生使命是什麼？你的天命為何？什麼樣的工作對你而言如同玩樂般享受，不論你投入多少時間都是如此？

熱情測試非常簡單，但別以為簡單就忽視它，因為它產生的結果是意義深遠的。**它以一種簡單有趣的方式，讓你對生命中最重要的事物進行優先順序排序，它會幫你篩除現在使你分心的事項。**

生命熱情測試邀請你面對自己的內在，並將之帶出表面，讓你能夠好好審視一番，弄清楚什麼才是對自己真正重要的東西。它是那把打開塵封夢想的魔法鑰匙。你的夢想一直都靜候在你心裡，等待你終於準備好的那一天，等待著你說：「**我來到這裡，是為了讓世界因我而不同，而時機就是現在！**」

第3章

如何進行生命熱情測試

「宇宙賦予了每個人專屬於我們的行進指令。我們來到地球的目的，是去找出這些指令並付諸行動。在那些指令當中，我們的獨特天賦得以榮耀。」

——索倫·齊克果（Soren Kierkegaard），
丹麥神學家、哲學家

二〇〇三年，我們剛剛完成與馬克．維克多．漢森和羅伯特．艾倫合作的案子。在與他們合作的過程裡，我們發展出很棒的人際網絡，成立了啟迪聯盟公司並大獲成功。同為「覺醒的百萬富翁」專案成員的里茲．湯姆森和里克．湯姆森（Liz and Ric Thompson）向我們提出合作邀約，一起經營線上雜誌——《健康、財富與智慧》，如今我們仍在聯合發售這份雜誌。

珍妮特感到是時候重新梳理自己的熱情所在了。此前她做過好幾次熱情測試，但這次似乎有所不同。她意識到某些東西即將為她的生命帶來深遠的影響，而那股無以名狀之感在她的內心久久縈繞。這一次，在列出對自己最重要的事物，列出自己在最理想的生活狀態下，會是什麼樣子、做著什麼事情、擁有什麼事物時，她覺察到比往昔有了更為清楚的洞見。

在她的清單中，一項全新的熱情赫然醒目：「與聖者共度美好時光。」這短短一行字猶如火花般在她的內心點燃了熊熊火焰。

雖然她被這個想法深深吸引著，仍然忍不住想：「我到底如何才能實現這一點呢？」畢竟，那些因智慧與覺悟而備受尊崇之人，要麼受到眾人和大型組織的保護，要麼隱居在高高的喜馬拉雅山或密林深處。

她明白自己得從去印度旅行開始，因為她曾在那裡見過幾位大師。但除此之外，關於這項熱情怎麼才能實現，她沒有更多的線索。

在我們告訴你珍妮特是怎麼實現她與聖者共度美好時光這項熱情之前，你需要先自己做一次生命熱情測試。請記得，此時此刻，你還不需要弄清楚寫在清單上的那些熱情究竟如何才能實現。等你把它們寫下來以後，我們會幫助你找到實現它們的途徑。

別急著自我審查，寫下來就對了

在幫人們做熱情測試的過程中，**我們發現大多數人所面臨的最大挑戰就是自我束縛。很多人在初次做熱情測試的時候，起先可能寫下一項熱情，但如果無法立即看到怎麼做才能兌現這項熱情，他們就會把它擦掉（尤其是那些格局很大的生命熱情！），換成更容易實現的項目**。換言之，他們在「玩安全遊戲」。

比如說，你可能滿心渴望成為一名舉世聞名的鋼琴演奏家，但從目前的生活來看，這似乎完全不切實際，於是，雖然你本想在清單上寫「我是一名鋼琴演奏家」，最終你卻玩起安全遊戲，悄悄地改寫成：「我彈著鋼琴。」

我們彷彿可以聽見你內心的嘀咕：「但我真的不知道怎麼才能成為一名舉世聞名的鋼琴演奏家呀！」請信任我們，這不重要，先寫下來。

前面所提到的賓州大學靈性與心智中心的兩位神經科學家，安德魯・紐伯格和馬克・沃德曼，對「格局宏大」的好處做了以下闡述：

> 當我們聚焦在大議題——那些真正宏大的議題上，我們的大腦會得到挑戰，被迫跳出固有思維。這會導致神經元結構的變化，尤其使我們的前額葉——大腦裡控制邏輯、推理、語言、意識和同理心的部分發生改變。
>
> 新的軸突得以生長，觸及新的樹突，以我們的大腦從未有過的方式進行交流。思考重大議題時，我們會使用前額葉來改變大腦其他部分的功能。

所以，不要害怕想得太宏大。當珍妮特寫下「與聖者共度美好時光」的時候，她還不知道怎麼做才能接近那些聖者。然而你會看到，隨著故事的展開，她的收穫遠比她當初所夢想的還要好。

一旦你的意圖變得明確，下一步便是保持專注。如果你認為自己的生命熱情是成為一名千萬富翁，但是完全不願意投入精力去賺錢和創造財富，那麼你的頭腦就只是在與你玩遊戲而已。頭腦告訴你這是你的熱情所在，但其實它只是想擺脫帳單、責任或當前的不適感，這樣的頭腦遊戲永遠無法帶給你滿足。

熱愛由心而生。**當你真心熱愛一件事情的時候，你無須費力也會自然專注**。當挑戰來臨時，你也不會望而卻步。挑戰或許會暫時牽制你，但永遠無法阻攔你。

讓我們再次回到「玩安全遊戲」這一點。你是否有留意到，那些玩安全遊戲的人，遠沒有那些敢在邊緣跳舞、為夢想全力以赴的朋友那般熱忱、富有活力、充滿激情，對生活滿懷興致？

請想想你身邊一位總是選擇安全路線的朋友。找工作的時候，他們寧願選擇一家薪水較低、但有健康保險、退休保障、帶薪假期、比較穩定的公司，而不會冒險嘗試一家可能薪資更高、氛圍更溫馨、給員工股票的新創公司。

他們不敢去高山徒步，不敢嘗試高台跳水，不敢去任何有疾病感染風險的地方旅行；他們不住在嚮往的地方，因為他們認為那開銷太高；他們不敢坐小飛機、不敢開快車、不敢出海，不做任何可能有風險、危險、令人害怕的事。

這是你真正想要成為的樣子嗎？

還是說，你更願意成為享受生命每一刻的人？那會是一種什麼感覺？去做一個願意為活出夢想而全力以赴的人，去做一個願意面對任何挑戰、克服任何困難、去任何心之嚮往的地方、願意追尋內心最深渴望的人，那會是一種什麼樣的感覺？

請不要誤會，我們並沒有要你在還沒準備好之前就貿然「跳崖」，**只是想激發你的重視，意識到去想像自己理想的人生，而非可能的人生有多重要**。

釐清「如何」實現夢想自有其訣竅，我們稍後會與你分享這個訣竅，這個祕密在珍妮特的印度之行裡也有所揭示。不過，倘若珍妮特在梳理自己真正想要「什麼」的時候，沒有對所有的可能性保持開放的態度，那麼這趟旅行根本不會發生。

所以現在，請信任我們，不要去審查或刪改你的熱情清單。為了確保你能夠釋放那些呼之欲出的「宏大熱情」，給予它們充分的自由，珍妮特會分享她一位朋友的熱情清單，這位朋友在擁有宏大願景方面可謂毫無障礙。

模糊的渴望會帶來模糊的結果

珍妮特：幾年前，我和克里斯受邀前往溫哥華，在哈福．艾克主辦的「財富與智慧論壇」擔任演講嘉賓。當時我們的好朋友兼合作夥伴傑克．坎菲爾（Jack Canfield）也是主講嘉賓之一，傑克那時已經因為創辦《心靈雞湯》叢書而享負盛名了。

當時我正在創作《熱情測試：找到活出生命熱愛的祕密》（*The Passion Test: Discovering Your Personal Secrets to Living a Life on Fire*）。我很想讓傑克做一次生命熱情測試，然後把他的案例寫進書裡。

就在他準備離開的那天早晨，我撥通了傑克旅館房間的電話，問我可不可以在他走之前幫他做一次熱情測試。傑克說時機很不巧，他正要出發去機場，計程車已經在樓下了。

「這沒問題！」我說，「我可以和你一起去機場，在路上給你做測試嗎？」直到現在，我還能回想起傑克在電話那頭的笑聲，他說：「你這個瘋狂的紅髮女人！好吧，我們樓下見！」

在去機場的路上，我向傑克解釋熱情測試要怎麼做，然後在一分鐘左右的時間裡，傑克就「刷刷刷」地寫出自己最重要的十五項熱情。真是一個了解自己、深知自己所愛的人！對此我一點也不驚訝。畢竟，傑克的《心靈雞湯》叢書當時已在全世界暢銷了一億冊之多，此人顯然目標清楚，對於思考宏大夢想也毫不費力。以下是傑克的第一版生命熱情清單：

當我過著理想生活時，我（是什麼樣子）／我（正在做什麼）？

1. 為眾人服務。
2. 有國際影響力。
3. 享有盛譽。
4. 與充滿活力的團隊一起工作。
5. 充分發揮領袖力。
6. 幫助人們活出願景人生。
7. 向眾人演講。
8. 透過電視媒體影響大眾。
9. 是一位億萬富翁。
10. 擁有世界級辦公駐地和團隊。
11. 享有大量的自由時間。

12. 定期跟隨心靈導師學習。
13. 加入心靈領袖組織。
14. 打造一支活躍的培訓導師核心團隊，他們非常認同我的組織理念。
15. 享受樂趣、樂趣、樂趣！

我帶領傑克做完熱情測試後，他的測試結果如下：

1. 第一大熱情：幫助人們活出願景人生。
2. 第二大熱情：與充滿活力的團隊一起工作。
3. 第三大熱情：為眾人服務。
4. 第四大熱情：有國際影響力。
5. 第五大熱情：打造一支活躍的培訓導師核心團隊，他們非常認同我的組織理念。

就像啟發生命熱情測試誕生的那份調查研究中的成功人士一樣，傑克接受熱情測試流程後告訴我，他的五大熱情已經全然實現了。不過有一件事令他非常驚訝，那就是他發現自己的第六大熱情是「加入心靈領袖組織」。雖然這條熱情對他而言十分重要，但在他的生活中卻還沒實現。於是他決定立即為這條熱情邁開行動，就這樣，我們相互道別。

如今，我和克里斯已經成為傑克所創辦的「全球變革領袖委員會」的創始成員。該委員會聚集了來自世界各地的一百多位知名演說家、作家及培訓導師。正是在做完熱情測試以後，傑克創辦了這個組織，因為他清楚地看到了這對他而言多麼重要。我的小小測試能夠為傑克的夢想貢獻一份力量，我為此倍感驕傲。

回到傑克的測試上，你有注意到什麼嗎？他的每一項生命熱情幾乎都是超大型的那種。在我幫他做測試的時候，傑克有擔憂過他的熱情能否實現嗎？當然沒有。接下來我要與你分享的這條法則，早在傑克做測試之前就已融入他的血液裡了。

當你清晰無疑時，你所想要的事物就會顯化在你的生命裡，其顯化程度與你的清晰程度成正比。這條原則反過來也是成立的：**模糊的渴望會帶來模糊的結果**。本書旨在幫助你變得更加清楚，隨著你繼續閱讀，我們會提供許多工具來幫助你想清楚自己的熱情。

現在，讓我們來複習一下做生命熱情測試的原則。

生命熱情測試的原則

生命熱情測試的第一步是建立一份你的「生命熱情清單」，例如：列出那些你最熱愛的事物、對你而言最重要的事物、對你的幸福和福祉最為關鍵的事物。

在初次書寫熱情清單時，請盡情發揮——避免縮回安全殼裡，寫下至少十項、多至十五項或者更多你真心熱愛的事情。

在這裡你所追尋的是生命熱情，而不是目標。**生命熱情是你如何度過你的人生，目標則是你選擇在生活中去創造的東西**。例如：傑克的熱情之一是「我是一位億萬富翁」，即便那時傑克還不是億萬富翁，他依然可以這樣來表述他感受到充滿熱情的事——「我是一位億萬富翁」；但他的目標可能是明年賺到兩百萬美元。

這兩者有何區別呢？熱情關乎你選擇如何度過你的人生，傑克選擇以億萬富翁的身分和狀態來過人生；目標則是你旨在達成的事情，比如目標可以這樣來陳述：「明年我要賺兩百萬美元。」

當你弄清楚自己的生命熱情是什麼之後，你可以設定與你所熱愛的事物相校準的目標，並開始去創造你理想的人生。熱情和目標都很珍貴，只是你要先清楚你的熱情所在，去想想當你的生活達到了你的理想狀態時，你會做什麼、是什麼樣子、擁有什麼。

就像傑克列出的清單那樣，**每一條熱情以「動詞」開始，去描述當你的生活處於理想狀態時，你正在如何度過你的人生**。以下是我們的學生寫過的熱情清單：

當我過著理想生活時，我（是什麼樣子）／我（正在做什麼）？

- 住在我美麗的家中，感到全然放鬆。
- 創作了懸疑小說，大獲成功。
- 在充滿綠植、光線明亮的環境裡工作，倍感滋養。
- 擁有完美的健康，精神十足，活力充沛。
- 做每一件事情時都享受其中。
- 和家人共度許多高品質的溫馨時光。
- 常常享受美妙的性愛。
- 跟願意支持彼此、頻率相同的團隊夥伴一起工作。

好的，這些都很棒。但如果你的生命熱情是無私利他的，例如：創造一個和平的世界，或是消除疾病和貧困，那該怎麼辦呢？

要記得，生命熱情關乎你如何度過你的人生，目標是你可以達成的事物。過著平靜的生活可以是一項熱情，創造一個和平的世界則是一個目標。活在豐盛的人生中可以是一項熱情，消除世界貧困則是一個目標。

不過，是否有些人的生命熱情就是消除世界貧困、終結飢餓的過程本身呢？當然有。全球變革領袖委員會的成員之一琳恩・崔斯特（Lynne Twist）就是一個典型例子。多年來，琳恩一直擔任「零飢餓計畫」（The Hunger Project）的募資人和領導者，該計畫在消除世界飢餓方面有著極大的國際影響力。琳恩的熱情所在就是為了消除世界飢餓而工作，而「零飢餓計畫」的目標則是終結世界飢餓。

你能理解其中的差別嗎？熱情關乎過程，目標則關乎結果。在你發想自己的熱情清單之前，這裡有一些能幫助你更好列清單的點子。

熱愛與才能：發現你獨一無二的天賦線索

你愛做什麼？你喜歡身處什麼樣的環境中？你喜歡和什麼樣的人在一起？什麼能使你興

奮、點燃你的熱情、讓你動力滿滿？這些問題的答案都會為你的人生使命提供線索。

還有另一組線索：你擅長做什麼？人們常誇讚你什麼？你在哪些方面似乎比大多數人做得更好？你獨特的技能和才華有哪些？通常你會比較容易愛上你所擅長的事，所以熱愛與才能常常是並肩同行的。

小心大腦會欺騙你

如果只需要做這些，為何還有如此多人無法完成他們的人生使命呢？因為你的大腦常常欺騙你。大腦有時候就像一隻跳來跳去、四處亂竄的猴子，它先是跑到有誘惑力的東西面前，然後又會迅速逃離令其恐懼的東西。你的大腦甚至會打著安全的幌子，企圖說服你，你的人生使命並沒有那麼重要。

有很多人告訴過我們，他們的熱情是賺到很多錢，但當中很多人對跟錢相關、賺錢、創造更多金錢這類事情毫無興趣。這些人可能有服務他人的熱情、有與家庭相關的熱情，或者有沉浸大自然裡的熱情，與賺錢本身相關的事物並無法吸引他們、無法讓他們感到興奮。當我們與他們交談的時候，我們發現，他們其實並不在乎是否擁有很多錢，他們真正在乎的是有自由去做自己想做的事情。

想要有那種自由不一定需要很多錢，例如：德蕾莎修女擁有全然地做自己熱愛的事業的自由，但她不曾擁有許多錢，聖雄甘地和馬丁．路德．金恩亦是如此。

另一方面，我們也遇過一些朋友（我的腦海中浮現了哈福．艾克的身影），他們對賺很多錢這件事本身擁有極大的熱情，同時對於運用金錢去幫助他人也有著極大的熱情。什麼也無法阻擋這些人賺錢，他們如此專注於創造大量的金錢，相應的結果不可能不顯現。

敞開去接受生命中所有的支持吧，無論這支持來自何方，你會感受到生命不斷擴展、通往圓滿的體驗。如果來自金錢的安全感和自由感真的對你十分重要，它們會顯現的。

對於大多數人而言，賺錢和創造財富是可以習得的技能。想要擁有金錢與財富，你要麼需要投入時間、精力和金錢去學習那些技能，要麼需要讓自己身處於富人之間。

其他五個重要原則

列清單時，請記得以下五點：

1. 不要詢問任何人。這關乎點燃你的熱情之火的事物，深入內心，與那些對你真正重要的事物相連吧。

2. 不要與你的伴侶一起做測試，請獨立完成你的測試。如果你願意，事後你可以與伴侶或配偶分享你的熱情。如果你們真的、真的很想一起做測試，那麼請先獨自準備好各自的熱情清單，然後再帶彼此體驗熱情測試流程。互做測試時，不要試圖影響伴侶的選擇，這是屬於他們的測試。如果你不喜歡他們的選擇，那麼去想一想你能否足夠愛對方，讓他們擁有他們真心渴望的。

3. 推薦你一次完成測試，通常這需要花二十到三十分鐘的時間。除非你完全不清楚什麼對你來說最為重要，那就可能需要多花一點時間。

4. 如果可以，請在一個安靜、不易分心的環境下做測試。因為熱情測試是一個深入內心的過程，讓你去觸碰生命當中對你而言最有意義的事物，在思緒混亂時將很難找到。

5. 寫清單時，請使用清楚簡潔的句子，不要將多項熱情揉雜在同一條裡，例如：「我享受著完美的伴侶關係，常常乘坐頭等艙環球旅行，還擁有一套美麗的海景房。」請把每一項熱情分別列出來，例如：「我享受著完美的伴侶關係。」「我常常乘坐頭等艙環球旅行。」「我擁有一套美麗的海景房。」

生命熱情測試是這樣一個工具，它能幫助你理解，對你而言過上幸福圓滿的人生所需要的關鍵成功要素，這是十分個人化的。**你的五大熱情不會和這世上任何一個人完全相同**。要記得，那些幸福成功的人都活在他們真正的生命熱情裡。熱情測試將幫助你清晰你的五大熱情，踏上圓滿人生之路。

生命熱情測試的步驟

第一步：列出一份清單

首先，列出一份清單，寫出你所能想到的十項事物，最能讓你的生活充滿喜悅、熱忱和滿足感。每個句子都以「我正處在（什麼樣的狀態中）、正在做（什麼樣的事情）、擁有（什麼樣的事物）」此類描述開啟。

請補充完整下列句子：**當我過著理想的生活時，我（是什麼樣子）／我（正在做什麼）**________。

閉上眼睛，想像一下你最理想的生活模樣：你做著什麼？你與誰在一起？你身處何處？你感覺如何？

現在，列出你的清單吧！請記得，這只是你的第一份清單。如果你採納我們的建議，每半年做一次生命熱情測試，那麼接下來幾年你還會有很多機會列熱情清單，每一次你都將更清楚。請不要刪改，現在你不需要知道怎麼實現熱情，只需要知道想實現的是什麼。

現在請列出清單——至少十條（也可以按己所需列出更多）：

1. ______

2. ______

3. ______

4. ______

5. ______

6.

7.

8.

9.

10.

11.

12.

13.

14.

15.

寫完以後，稍置片刻，數小時後或明天再回來看。

第二步：將各項熱情逐一進行比較

當你過一段時間後再回來檢視清單，請運用以下步驟逐一比較這些事項，確認哪些對你而言是最重要的。

1. 如果你必須在擁有第一項熱情和第二項熱情之間做出選擇，你會怎麼選擇？請記得，在你做選擇的時候，你並不會失去任何一項。**用只能擁有其中一項的方式來比較，這樣做的目的在於讓你釐清對自己更為重要之事**。在現實生活中，你當然可以兩者兼得，而且，當你做完本書所有的練習時，你將坦然地發現，原來一切都包含在其中，你什麼也沒有失去。
2. 用你選出的那一項繼續與下一項做比較，持續如此兩兩比較，直到比對完整張清單，然後將你最終選出的那項熱情標為「第一大熱情」。例如：如果你比對清單上的第一項和第二項，而你選擇了第二項，那麼接下來就請將第二項與第三項進行比較；如果你還是選擇了第二項，那麼再將第二項和第四項比較，以此類推。記得永遠用你選出來的那一條與下一條進行比較即可。

請注意，如果你比較第一項和第二項，而你選擇了第一項；接著你用第一項和第三項對比，你選擇了第三項，此時，不必回頭把第三項和第二項再比較一遍。因為你已經知道了第一項比第二項更重要，而如果第三項比第一項更重要，它當然也比第二項更為重要。

3. **兩兩比較完清單上所有的項目**，並選出自己的第一大熱情後，你再一次從頭開始，兩兩對比剩餘的所有選項（這一次，不必再讓前一輪已勝出的第一大熱情參與其中），永遠要選擇兩個熱情中更重要的那一個。完成第二輪對比篩選後，你可以把最後勝出的那一個標為「第二大熱情」。然後重頭再來一輪，把最後勝出的標識為「第三大熱情」。接著再重頭做兩輪篩選，直到最終找出自己最重要的五大熱情。

4. 如果你在選擇時卡住了，無法抉擇哪一項更重要，請問自己：「如果我可以成為、可以做或者擁有第一項，而永遠無法成為、無法做或者擁有第二項；或者如果我可以成為、可以做或者擁有第二項，而永遠無法成為、無法做或者擁有第一項，哪一種情況對我而言感覺更好呢？」透過進行這種非此即彼的選擇，你會獲得最深刻的洞見。請不要說：「它們對我同等重要。」根據經驗，這仍是不夠了解的表現，請探索得更深入一些。

5. 多數人都會發現自己的第一反應往往是最準確的，**因為熱情由心而發，你的心之悸動往往比頭腦的分析更接近真相**。

6. **誠實面對自己，如果你的選擇並非他人認為你應該選的，請不要擔心**。你不必將這份清單拿給任何人看，這僅關於此時此刻什麼能點燃你的內心火焰。你越是跟自己的真心所愛相校準，你就會越快樂和滿足，而當你越幸福的時候，你也會強烈地吸引那些你所愛和珍視的人事物來到你身邊。幸福之光如同花兒的芬芳，吸引所有的美好為你駐足，來到你的身旁。

7. 很多人都傾向於找到清單裡某一項看起來非常重要的事物，然後說：「哦，這一定是我的第一大熱情，我不用再篩選了。」我們曾遇過無數人們在做測試之前說：「我不用測就知道自己的熱情排序了。」最終當他們完成測試時，卻驚訝地發現得出的結果與自己想像的完全不同，或者順序有所不同。所以，**務必進行完整的五輪篩選流程**，**每一次都將清單上的選項進行兩兩比較**，直到得到你的五大熱情為止。

8. 如果每一輪測試時，你做出的選擇發生了變化，請不要驚訝。當你按照流程去做，放鬆身心，不必趕赴其他行程時，你的心和腦會在每一輪的比較中逐漸深入。隨著你更加放鬆，你的答案會發生變化，這是很正常的事。

《生而相信》這本書的作者安德魯·紐伯格和馬克·沃德曼曾給了我們一些建議，值得我們在做生命熱情測試時銘記：

當我們向大腦引入新概念時，一開始會出現一種困惑和認知失調，讓我們感覺不大舒服。大腦不一定喜歡那些新觀念，尤其當它們與你抱持已久的舊信念相互衝突的時候。所以，如果你經年累月地累積低自尊的想法，突然決定要引入一個新的身分認同——我真的是個很棒的人，那麼舊記憶和新理念之間的兩種神經回路就會開始相互競爭。當引入新事物時，大腦會進入一種警覺狀態。杏仁核會開始說：「請注意！我的體內、我的世界現在發生了不同於以往的事！這是安全的嗎？還是危險的？」當人們重新與自身的熱愛相校準時，會經歷這段不舒適的時光。

還有一項非常有趣的神經學研究發現，我們在短期記憶中一次只能儲存七個左右的資訊組塊。如果更多資訊湧入，大腦會過濾掉它認為相對不重要的資訊。因此，如果你想一次性努力抓住太多的想法、渴望或目標，你的大腦就會說：「太多了，現在我只能關注這麼多。」

從神經科學的角度來講，我們認為熱情測試流程是極為重要的，因為它會幫助你專注在那些對你最重要的事物上。你越清楚自己真正熱愛和渴望什麼，你的意識、意圖就會越強，這會讓你大腦中的其餘部分以一種有組織的方式給予你回應。

還記得我們之前與你分享的那句箴言嗎？

> **當你清晰無疑時，你所想要的就會顯化在你的生命裡，其顯化程度與你的清晰程度成正比**。

魔法會在你內心清晰時發生，終有一天，你也會說：「這是我一生中最棒的體驗！」當珍妮特思量著要如何顯化「與聖者共度美好時光」這項熱情時，她也有著同樣的感受。

第4章

創造你所熱愛的生活

「一個人若能發揮與生俱來的才能，沉浸其中就能享受世間最大的快樂。」

——歌德（Johann Wolfgang von Goethe），
德國詩人、思想家

珍妮特：好吧……我可以做到的。不管怎麼說，與人連結我非常有經驗，找聖人來採訪應該不會比找電影明星或其他名人難到哪裡去。

嗯……讓我好好想想，但我有什麼理由讓他們願意見我呢？

看著這個新鮮出爐的第一大生命熱情，我的腦海裡跑過千軍萬馬，各種念頭接踵而至，我思索著：「對這種超越『尋常』生活的東西，我該從哪裡開始？」

你是否曾經被一個問題或挑戰困住？你越鑽進去想，情況反而越複雜，有時候，最明智之舉反而是暫時將之拋諸腦後，我當時就是這麼做的。

不久後的一天，一位朋友突然打電話給我：「珍妮特，有位印度聖人要來芝加哥了，我覺得你應該採訪一下他，正好可以發表到你的雜誌上。」

這便是一個頓悟的瞬間！

「就這麼做！如果我為雜誌撰寫一些有關聖人的文章，我就可以把這些文章集結成書。這些聖人為了讓世界聽見他們的箴言，可能就會願意接受我的採訪，那一定會非常有趣！」我這麼想。

計畫悄然醞釀起來：「我可以先去聯繫常駐印度的朋友，或者常去那兒旅行的朋友，搞清楚現在印度最受尊崇的聖人有哪些，詢問這些聖者願不願意接受我的採訪。」這真是個不錯的計畫，現在我只需要一點指引了。

我打了通電話給吠陀占星學家比爾・萊瓦希，詢問他對這次旅途的建議。他鼓勵我出發：「記得一定要帶攝影機去，記錄你的採訪。不用弄得太複雜，只需要把攝影機架在那裡，錄下來你和聖者對談的過程就可以了。」

又一個頓悟時刻！

「我要製作一部紀錄片！將智者的洞見帶給全世界的人，啟迪世人在當前複雜的世界局勢下做出明智行動，還有比這更重要的事情嗎？」我的心早已飛到了九霄雲外，想像著自己坐在世界上最有智慧的導師面前。我正高興得飄飄然，突然猛地又跌回了現實。

「這要花很多錢，尤其是要用我喜歡的那種方式來旅行的話。我所有的資金都投入到現在的公司裡了，哪裡還有錢支付這趟旅行呢？更別提那些昂貴的設備了！」現實給了我重重一擊。

稍後，我們會告訴你數月以後，成千上萬的美鈔是如何飛到珍妮特身邊的。但現在，我們需要先讓你進行熱情評分，以及製作你的熱情卡片。

現在你已經弄清楚了，當前你最熱愛的、對你的生活最重要的五件事是什麼，**你所熱愛**

的事還會發生改變嗎？當然會。

每隔半年，我們都會重新做一次熱情測試，因為我們知道，**隨著生命歷程的展開，我們對自己的認知也會逐漸深刻**。或許你會結婚生子，或許新的機遇來到生命當中，帶來全新的啟發。生命的進化永不止息，伴隨進化而來的，是我們越來越清楚到底何為真正重要的事。

例如，克里斯第一次做熱情測試的時候，他正在一家出色的培訓公司任職高級主管。在他的五大生命熱情裡，有一項是「自主掌控自己的時間」。今天，這項熱情在他的清單裡已不復存在，這或許和他已經能夠自如掌控時間有關。

但是，如果你仔細閱讀他的清單，你會看到他當前的第二大熱情是「享受做每一件事情的樂趣」。如果你問他，這條熱情於他而言意味著什麼？他會說，能夠自由地在想要的時間裡做想做之事，便是享受樂趣的一部分。

時至今日，克里斯描述生命熱情的方式已與多年前大不相同，他已經發現，「自主掌控自己的時間」只是一個更深層的熱情——「享受做每一件事情的樂趣」的其中一部分而已。

你越是深入了解自己，越能更接近自己的天命。

你已經創建了一份真正重要的清單，你的生命熱情清單。是時候記住另一則箴言了：

> **你所關注之處，在你的生命中必將變強。**

從生理機能學角度來看，神經科學家安德魯．紐伯格和馬克．沃德曼如是描述我們大腦中所發生的事：

你越關注某個特定信念，大腦中有關該信念的神經連接就會越強。如果你專注於生活中的積極面向，那些神經通路會得到強化，這個積極信念對你來說會與日俱「真」。如果你聚焦於有關自身及周遭環境的負面信念上，也會帶來相似的神經連接強化效應，這些負面信念對你來說也會變得越來越真實，最終成為你的內在，這當然也會影響你的外在境況。

你始終在創造著你的人生，我們都是如此，透過關注的事物創造著自己的生活。你越是關注什麼東西，那些東西就會不斷湧入你的生命裡。

如果你將注意力聚焦在那些你沒有的東西、你生活當中遇到的問題，以及所有你遭逢的不幸，那麼，你就在創造著更多類似的事件。如果你想要更多的問題、更多的挑戰、更多的不幸，那就儘管去關注這些事物吧！但如果你想要在生命中創造更多的熱忱、喜悅和滿足感，那麼，請將注意力放在能夠創造這些感覺的事物上。

出於恐懼，人們會下意識關注自己並不想要的東西，人們害怕沒有足夠的金錢，害怕生病，害怕災難來臨。有一句我們非常喜歡的格言是這樣說的：「恐懼就是栩栩如生、精準無疑地想像著你最不想發生的事情正在發生。」

聚焦於不想要的事物，這是一種習性。**每當你覺察到自己關注某些負面事物時，只需要說聲「撤銷！」然後以你想要創造的東西，取代原先的念頭即可。**

不妨現在就來試試看吧！放下你的書，輕輕閉上眼睛，想像一件令你恐懼的事情可能會發生。這件事情一浮現，你就說「撤銷！」然後將注意力放在相反的方向上，你可以頃刻間轉換自己的生命狀態。就是如此簡單，不是嗎？

基於馬克・沃德曼和安德魯・紐伯格所提到的神經通路理論，這些令你恐懼的想法可能還會持續冒出來一陣子，但你只需要繼續撤銷這些念頭，以相反的念頭替代即可。不用太久時間，全新的神經通路就會被創造出來，你的體驗也將隨之改變。

熱情評分：你的注意力放在哪裡？

你想知道截至目前為止，你的注意力主要放在何處嗎？或許你已經環抱雙臂開始思索了。這裡有一個簡單的方法可以幫助你。

請看看你透過熱情測試篩選出來的五大生命熱情，給其中每一項從〇到十分進行評分。〇分意味著你在當前的生活中一點也沒有活出那項熱情，而十分意味著你已全然活在那項熱情裡。現在開始吧！

你有沒有覺察到不同熱情之間的分數有所差異？大多數人都會發現這種不同。得分較低的熱情選項是那些你沒有給予充分關注的事，而得分較高的熱情選項則是你給予了大量關注的事。

有沒有可能你覺得自己已經對於一件事情投入了很多的注意力，卻還是得分很低？是有可能的，在這種情況下，請密切留意你真正的關注點在哪裡。

比如說，假設你的一項熱情是經營一家收益超過千萬的企業，你為此奮鬥多年，卻只得到勉強維持生計的結果，聽起來並不像是一個十分的結果，對嗎？所以你才會說：「我已竭盡全力了，結果卻還是平平無奇。」

這樣的話，請仔細回想一下，你的注意力真正聚焦在哪裡？你有沒有全心全意地聚焦在你可以為顧客帶來什麼樣的價值？你有沒有百分百用心地對待每一位顧客，給予他們尊重，讓他們因為與你結緣而心生感激？你有沒有心懷感恩地關注所有流向你的成功與財富呢？還是說，你的注意力不知不覺流失到了那些不得不支付的帳單上，關注在某些顧客是多麼不可理喻，每個月的結餘少得可憐，自己又是多麼深陷債務這樣的事情上了呢？

當我們說「你所關注之處，在你的生命中必將變強」這句話時，我們並不是說，那種廣泛的、模稜兩可的、不明確的關注方式就可以讓你想要的結果顯化在生命裡；而是指你日復一日、時時刻刻勤勉關注的東西，決定了你將在生活中創造出什麼。

如果你習慣於關注你做不到的事、你還沒有擁有的東西，那麼，結果也就是你做不到、無法擁有。但如果你的注意力聚焦在所有流進你生命裡的好事、恩典、幸運上，你也會發現越來越多此類事物神奇地湧入你的生命裡。

倘若你十分誠實，直面自己，你會發現事實的確如此：**你的注意力所到之處，決定了你此刻的生命體驗**。

慶幸的是，**將注意力放在哪裡與你的習慣有關**。不斷重複一個新行為二十一天，你就能改變自己的習慣，但要做到這一點，你需要有改變的意願。如果你覺得，要改變自己過度關注生活中的問題、困難、挑戰的習慣有點困難，不妨試試下面這個方法，非常實用。

找一條橡皮筋套在自己的手腕上，連續佩戴至少二十一天，每一天都不間斷。每當你覺察到腦海中有某個想法正在創造你不想要的現實，你就拉開橡皮筋，讓它彈回到手腕上：「哦，好痛！」

是的，你會切實感覺到疼痛，這種可感知的「提示器」有助於訓練你的大腦，讓它明白此類想法對你並沒有幫助。連續這麼做一個月，你就會飛速進步，不再總是關注生命中不開心、不成功的事物了。

熱情卡片：隨時隨地都能看見

既然你已承諾把注意力聚焦在自己的生命熱情上，那麼接下來，我們想與你分享一個十分有效的方法，它幾經驗證，能夠幫助你創造真心渴望的現實。

許多年前，在我們與馬克・維克多・漢森及羅伯特・艾倫合作期間，珍妮特曾在亞利桑那州的鳳凰城參加一場講座，當時的演講人是著名的勵志演說家鮑勃・普羅克特（Bob

Proctor），以下是珍妮特的描述。

珍妮特：鮑勃剛登上演講台，首先就和我們分享：「大家知道致富有多麼簡單嗎？我現在已經擁有了四百多條收入管道——而這一切都起因於這張小小的卡片。」

他將手伸進口袋，拿出了一張名片大小的卡片展示給觀眾，上面寫著：「我為下列事物滿懷感恩、深感幸福……」接著是五個他當時最重要的目標，按順序列出來。

鮑勃解釋，我們的大腦與電腦十分相似，你輸入進去的資訊，遲早會以某種方式在你的宇宙中被「列印」出來。多數人習慣將自己的注意力放在缺失的事物上，而非聚焦於自己真正想創造的東西，因而得到了更多匱乏的體驗。

鮑勃舉著他的卡片，臉上掛著充滿感染力的笑容。他對觀眾說：「我每一天都會花些時間好好看看這張小卡片，這是我生活中最重要的例行公事之一。」

他還解釋，他把這些寫有最重要目標的卡片放在許多「戰略位置」上，也就是那些他可以一天多次、毫不費力就能一眼瞥見之處。一旦完成一個目標，他會立刻替換上新的目標。

「就是如此簡單。」鮑勃說。

現在，是時候採納鮑勃的建議，將其運用在我們自己的熱情實踐上了。

準備一些名片大小的卡片，在每張卡片寫上你的五大生命熱情，就像這樣：

我的生命熱情測試

測試日期：＿＿年＿＿月＿＿日

當我過著理想生活時，我（是什麼樣子）／我（正在做什麼）？

1. ＿＿＿＿

2. ＿＿＿＿

3. ＿＿＿＿

4.

5.

就是如此，或者更好！

「就是如此，或者更好！」最後那一行代表什麼？

根據我們的經驗，宇宙為我們安排的計畫總是比我們自己能夠想到的更富有創意，但前提是我們樂於敞開接收。你很快就會讀到一則與之相關的故事，我們會講述珍妮特是如何實現「與聖者共度美好時光」這項熱情的。

下面是一則百分之百奏效的熱情祕訣，確保你能活出你所熱愛的人生：

無論何時，當你面臨一個選擇、決定或者機遇之時，永遠選擇你的熱愛所在！

為了能夠遵循熱愛，做出明智之選，你得在選擇來臨時還記得自己熱愛什麼。怎麼記得呢？你要把它們放在做抉擇時恰好能夠看到的地方，你可以把這些小卡片放在一天多次可見之處，什麼樣的地方比較合適？

- 你家浴室的鏡子上，這樣早晨醒來第一時間就能見到。
- 你的電腦旁邊，這樣寫電子郵件時就能看見。
- 你的錢包裡，這樣一天可以瞥見好多次。
- 貼在汽車玻璃上，外出時便可看見了。
- 貼在冰箱上，準備做飯或者拿零食吃的時候可以看到。

四處黏貼這些卡片的意義在於，它能夠幫助你輕鬆地專注於你所熱愛的事物。你不必特地花時間去複習這些卡片，也不必費力去集中精神，你甚至無須刻意計畫如何才能活出熱愛的人生（當然，在靈感來臨時制定計畫也沒有什麼不好）。**關鍵在於無論何時，當你面臨一個選擇、決定或機遇時，永遠選擇你的熱愛所在**。

你需要做的只是一天多看幾次你到底熱愛什麼，將它們銘記於心，直到你面臨任何一個選擇的時候都可以想起它們。你可以自問：「這個選擇會讓我更靠近我的生命熱情，還是偏離我的生命熱情呢？」

把你的五大熱情書寫在小卡片上，黏貼在容易看到的地方，是創造你所熱愛的人生的第一步。現在就去黏貼你的熱情卡片，敞開接受生命中不期而遇的豐富體驗吧！

第5章

建立你的熱情標誌

「當我們全心投入喜愛的工作時，我們發揮著自身最大的潛能，也體驗著世上最大的快樂，朝著自己所設定的目標一步步前進。這使得我們的休閒時光更富有意義，讓我們在夜晚能夠安然入眠。我們所熱愛的工作讓生命中其他一切都分外美好，分外值得。」

——厄爾·南丁格爾（Earl Nightingale），美國作家、演講家為自己的熱情建立標誌，意味著設立一些指示牌或里程碑，讓你知道自己何時真的走在活出熱愛的生命大道上。稍後，我們會告訴你怎麼建立屬於自己的熱情標誌。

在天命旅途上，對生活中發生的一切保持開放，根據變換的局勢適時調整熱情所在，這相當關鍵。誠如珍妮特所發現的那樣，你永遠無法預知生活會發生什麼，也無法預知腳下的路將帶你去往何處。

珍妮特：克里斯曾問我：「你只去聖塔芭芭拉四天，為何要帶兩個這麼大的行李箱？」

「是啊，挺奇怪的吧？」我回答，「我太累了，懶得去思考需要帶什麼了，反正這也不重要，多點選擇也不賴。再說了，你永遠無法預知生活會發生什麼。你了解我的，我喜歡為任何可能發生的事情做好準備。」

就這樣，我啟程前往位於加州的聖塔芭芭拉，參加全球變革領袖委員會的第一次會議。在那裡我會見到傑克．坎菲爾和其他一些知名作家、演說家。

與會期間，我和好朋友克里斯汀一起住。有一天的午餐時間，我和她分享了自己的紀錄片計畫。

「我這輩子都沒用過攝影機這種東西，」我對克里斯汀說，「所以我很想聘請一位專業人士隨行，幫我拍攝。」

「你有合適的人選嗎？」她問。

「確實有一位屬意的人選，她叫朱莉安，我們幾年前認識的。她好像在好萊塢做過製片人和剪輯師，不過我們已經好幾年沒聯繫了。」

「叮鈴鈴！叮鈴鈴！」就在這時，我的手機響了。

「你好？」

「嗨，是珍妮特嗎？我是朱莉安．珍妮斯，你還記得我嗎？」

我的手機差點沒掉進沙拉盤裡！已經這麼多年沒見了，就在我跟克里斯汀談起她時，她剛好打電話來，這是什麼契機呀！

「你是怎麼找到我的？」我問她。

「我現在正和我的朋友史蒂芙尼在一起，我們在開車去聖地牙哥的路上，準備參加王子音樂會。剛才我們分享彼此的近況，史蒂芙尼說她最近準備去印度了。我問跟誰一起去？她說『珍妮特．艾特伍德』。我就跟她說『哦！珍妮特．艾特伍德！我很喜歡她，我們現在就打電話給她吧』！」

當時，我為了籌措印度旅行資金，計畫了一趟帶團旅行，想帶一群女性朋友去這個靈性國度遊覽神聖名地，沒想到剛好其中一位報名者就是朱莉安的朋友。

我想知道這通來電是不是上帝對我的回應，所以我問她：「朱莉安，雖然不知道你最近在做什麼，不過我想問有沒有可能，你願意和我一起去印度，幫我拍攝我和聖人的對談？」

無比巧合的是，朱莉安剛好厭倦了自己現有的工作，去印度旅行聽起來很像是她迫切需要的一場冒險之旅！於是我和她約定好，等我回家以後會再打給她，我們一起制定更詳細的計畫。

就在我準備啟程離開聖塔芭芭拉的那天，清早醒來，我有種十分清楚的直覺，感覺現在還不是離開加州的時機。於是我給哥哥強尼打了通電話，告訴他我會去聖地牙哥一趟，看看他和我們的繼母瑪姬。

「哦，瑪姬現在正在醫院裡，不過沒什麼大事，就是一些例行檢查而已。她今天就會出院，她見到你肯定會很開心。」強尼說。

「好，那我今天就坐火車去你那兒。正好我還有幾封郵件要回，沿著海岸線一路悠哉晃過去一定很有趣。」我跟強尼要到了瑪姬所在醫院的電話，我想提前讓她知道我要去看她。電話撥過去以後，醫院櫃台轉接給了瑪姬的主治醫師。

醫師得知瑪姬是我繼母，便告訴我：「非常抱歉，瑪姬確診為癌症晚期，她已決定放棄治療，我們沒有辦法再進一步幫助她，現在最好有人立刻來接她回家。」

「她還能活多久？」我震驚地問。

「大概五到六個月，你會來接她嗎？」他回答。

你永遠無法預知生活會發生什麼，你只能對此刻需要你做的事保持開放。當你放下你認為事情應當如何進展的執念，對事物本身呈現的樣貌持有開放態度的時候，你就對神的旨意敞開了自己，對大自然完美的組織力量敞開了自己。

珍妮特便是這麼做的。我們會告訴你此後發生了怎樣不可思議的奇蹟，但是首先，我們要幫你創建屬於你的熱情標誌，標誌有助於我們更加清楚。

潘卡·納拉姆是一位印度知名的阿育吠陀自然醫學專家。他在二十多歲的時候，如自己所言，是一個「沒沒無聞、一無所有」的年輕人。

那時，他的老師問他，在他的生命中什麼最為重要。潘卡回答：「成為世上最著名的阿育吠陀醫師，讓世界各地的人都能接觸到阿育吠陀自然醫學。」

他的老師告訴他：「好，那就把它寫下來。」潘卡寫下了這個志願。接著他的老師繼續問：「你如何知道，自己何時算是實現了這個夢想呢？」

潘卡思考了幾分鐘說：「到那個時候，我至少應該為十萬人診過脈了；德蕾莎修女也會來我的診所，表彰我的工作；我會受邀為一些知名人士診脈；世界各地都有我的阿育吠陀診療中心。」

老師說：「很好，把這些全都寫下來。」潘卡心裡想：「我這樣一個無名小卒怎麼可能實現這些呢？」但是，他很敬愛自己的老師，所以遵照老師所說的寫了下來。

二十多年過去了，如今的潘卡已經為十多萬人診過脈；德蕾莎修女也確實在一九八〇年代拜訪了他的診所，表彰他為愛滋病人所做出的貢獻；他也受邀給許多知名人士診脈；同時，他已在十二個國家開設了自己的阿育吠陀診療中心。這一切是如何發生的？

人們所創造的一切，必先始於內，而後顯於外。

現在，你可以環顧一下你身處的房間。看到那盞電燈了嗎？它始於湯瑪斯・愛迪生（Thomas Edison）發明的電燈泡，而那又是基於漢弗里・戴維（Humphry Davy）提出的「電可以加熱燈絲產生光」這個理念而發明的。之後，另一個人腦海中產生了這樣的想法：「讓我來設計一盞美麗的（或實用的）燈罩吧，裝上燈泡，它就可以點亮整個房間。」可能又有人想到：「怎麼量產這些電燈，讓其觸及千家萬戶，為我們帶來收益呢？」然後是你想到：「我喜歡這盞燈，裝在我家會很美吧！」

就這樣，種種意念匯聚，你房間的這盞燈才最終來到了你身邊。它起初只是一個想法，最終變成了生活中的實物。

任何我們所見的人類創造物，都曾是某個人腦海中的一念。假如你想要創造自己的夢想人生，就可以從寫下你的夢想開始，並盡可能去釐清你的夢想藍圖。正是意圖與專注的力量讓我們的想法能夠變成現實。當你既有清楚的意圖、持久的專注，又能保持放鬆狀態時，整個過程就會充滿樂趣。

設定意圖：形塑你的世界

意圖是你有意或無意做出的創造性選擇。我們所有人都在基於自己認為真實的信念和概念，持續不斷地創造著自己世界裡的種種情境。對大多數人而言，這種創造是無意識的，所以他們將自己視為生命情境的受害者。

然而，成功者知曉其中的祕密——他們透過有覺知地引導自己的注意力，來創造自己的現實。在本書中，我們使用「意圖」一詞來代表你所做出的形塑自己世界的選擇。

有些人設定了自己的意圖，但生活中所得結果卻與意圖背道而馳，這讓他們大惑不解：「為什麼會這樣？」此處有一個值得我們留意的祕密，它甚至關乎我們一生的成就：

"

你得到的結果總是與你真正的意圖相符。

"

你的生活永遠在表達你內心深處正在發生的事。所以，如果你所得到的結果與你所設定的意圖不符，那麼就是時候自我檢視了。

這是否意味著「不好」的事不會發生在「好」人身上呢？好的意圖是否就可以讓人免受颶風襲擊，讓家園免受火災侵害呢？我們認為答案是「不」。

想像一下，如果有兩個人同時被困在暴風雨後洶湧的洪水中。其中一人的意圖是保全自己的性命，且所有的注意力都放在此刻遭遇的種種威脅上，他並不關心他人怎麼樣，他甚至為了保全自己而犧牲他人；另一個人的意圖則是，盡可能給予周圍的人關懷與幫助，她全部的注意力都放在如何給予愛、給予支援，如何幫助與她一同受困的夥伴。

你覺得在這場災難中，這兩人的生命體驗有何不同？前者充滿了恐懼，只想到自己，絕望地自救著；後者全心全意地幫助著身邊的人，因此體驗到的是與他人之間源源不斷流動的愛，她根本無暇為危險擔憂或恐慌，因為她所有的注意力都放在給予愛和接收愛上。她會得救嗎？你會不會想盡己所能地幫助她？無論她最終是否生還，結果會怎樣？她給予了他人溫暖，也獲得了溫暖；她的心中充滿了無盡的愛；她給予了幫助，也獲得了幫助；她所體驗的生命意義重於泰山。

舉一個更為常見的例子：幾年前，我們與幾位朋友合作創業。我們一起大聲宣布，我們的意圖是在第一年創造一千萬美元營收和逾兩百萬美元利潤。但是一年以後，我們的年營收額只達到了一百萬美元，而且還負債十萬美元。我們設定了清楚的意圖，制定了縝密的計畫，認真執行了計畫，還沒日沒夜地工作，到底哪裡出了錯？

事後，當我們回顧這段經歷才意識到，其實我們真正的意圖是想讓合作夥伴開心。因此，我們常常妥協，去做別人想要做的事。儘管很多時候我們都覺得需要做出不同的決策，但由於盲目相信他們在該領域比我們更有經驗，我們認定輪不到我們來改變工作方式。短期內，我們的確讓合作夥伴開心了，我們做了他們喜歡的事，但最終得到的卻是令所有人都失望的結果。

「你得到的結果總是與你真正的意圖相符。」這意味著，如果你想知道生命最深層發生了什麼事，去看看你得到的結果便知。如果所獲結果與聲稱的意圖背道而馳，那麼請更深入去發掘，當時你的內心真正在想什麼。然後去做你的內在功課，改變那些已不適用於你的意圖，從而改變自己的生命體驗。

當行動與意圖相符時，你才能創造出與這些意圖相對應的世界。

保持專注：有覺知地培養好習慣

關注指的是對某一客體的主觀覺知。我們所有人在每一天醒著的時分，都在關注著一些什麼，當你關注的客體變成了自己有覺知的選擇，你的生活就會發生改變。可惜的是，很多人並未留意自己把注意力放在了何處，他們的生活由許多無覺知的念頭構成。

多數人的生活都被習慣驅使著，每天早晨醒來時，你是不是有一些慣性動作？你開車去工作或超市的時候，走的是不是慣常路線？你有沒有過這樣的經歷：開車去一個熟悉的地方，發現自己不知不覺就到了，你都不記得自己是如何抵達那裡的。由於那條路線你已走過無數次，它變成了習慣，同時，在去的路上，你一直在想別的事情（意味著你的注意力放在其他事物上）。

所有人都會受到自身習慣的影響，你可以運用這個特徵，去培養有利於成功的好習慣。

什麼是有利於成功的好習慣？

- 每天撥出時間回顧你的五大熱情。
- 每當面臨抉擇時，依循你的熱愛而選。
- 為你所創造的生活負責。
- 每天花些時間祈禱或冥想。
- 規律運動。
- 擁有充足的睡眠。
- 定期做公益。
- 攝取能讓頭腦保持清醒的健康食物。
- 說積極友善的話語，用柔和真誠的語言提振他人的能量。

你還能想到哪些好習慣呢？研究發現，養成一個新習慣至少需要二十一天。不要企圖一次掌握所有，選定一個並精通，然後再培養下一個。

還記得我們前面教你的那句口訣嗎？

”你所關注之處，在你的生命中必將變強。“

顯化的第二步便是投入精力去創造，這意味著你要培養這樣的習慣：對於所有有助於你實現意圖的事物，傾情投入；對於無益於你實現意圖的事物，保持無動於衷的態度。

偉大的先知曾說：「無動於衷是面對生活中任何負面情境的有利武器。」熱忱地關注生命中美好的一切，認真地面對必須面對的情境，但在無助於你創造理想人生的事物面前，請勿逗留。當珍妮特發現自己需要擱置計畫，先好好照顧繼母的時候，她完全有理由認為自己的夢想就此付諸東流。倘若如此，我們就無法和你講述她神奇的故事了。然而她的做法截然相反，她專注地處理當下必須做的事。最後，這個看起來是路障的事故卻成為了一份巨大的禮物——從各方面來看皆是如此。

不幸的是，大多數人終其一生花費了太多時間關注夢想不能實現的種種理由，為何如此呢？因為他們害怕自己得不到自己想要的。如果你覺得有些人在尋夢旅途上太懶惰了，你會發現，**這種懶惰其實只是一副面具，掩蓋的是內心深處對失敗的恐懼**。

當你被恐懼挾持，當你的注意力被生活中出錯的事物占據，你就會創造出一種乏味、無聊、無力的狀態，更糟糕的是，你可能會無意識地創造出你害怕發生的結果。

但是，我們每個人都避免不了恐懼的時刻。當恐懼襲來時，我們該怎麼辦呢？

直面恐懼①：一舉擊破法

如果你的性格像「名單革命」網站發起人蒂爾曼・克努松（Tellman Knudson）那樣，在面對恐懼時你就會感到興奮，你會勇往直前，直擊目標。蒂爾曼在二十七歲時下定決心，想要創立一家營收千萬美元的網路行銷公司，指導人們如何創建大量客戶名單（這是獲得網路商業成功的關鍵因素之一）。那時候，蒂爾曼的辦公室還僅只是他家客廳一個不起眼的小角落，在酷暑的日子裡，只有一台搖搖欲墜的舊電扇給他帶來一絲清涼，他還得時不時把舊電腦裡的光碟機拿出來，猛地搖幾下，再放進去，光碟才能正常運轉。

一部分的蒂爾曼對未來怕得要命，另一部分的蒂爾曼又因挑戰渾身來勁。他將注意力聚焦在那股興奮上，他給六十多家頂級網路行銷公司發送郵件，幾個月過去，大多數郵件都石沉大海，但他仍然堅持不懈地聯絡。最終，他與幾家公司建立了合作關係，其中就包括里克．湯姆森公司——我和珍妮特為《健康、財富與智慧》雜誌工作期間的商業合作夥伴。

蒂爾曼在創辦「名單革命」網站之後的三個月內，就擁有了逾兩萬五千位客戶，銷售額超過二十萬美元。九個月後，銷售額突破八十萬美元，兩年內創造了逾兩百萬美元營收。能得到這樣的結果，**是因為蒂爾曼始終將自己的注意力聚焦在讓他感到興奮的事情上，而非讓他恐懼的事情上**。

直面恐懼②：步步為營法

如果你的性格跟蒂爾曼大相逕庭，恐懼使你的行動力受阻，那麼你可以試著朝向目標小步前進。每向前一小步，都會有助於你培養信心，減少恐懼。慢慢地，你會抵達一個臨界點，終將可以一舉擊破最後一絲殘存的恐懼，直達目的地。

每邁出一步，都將注意力放在自己已經達成的事情上，使用肯定句可能會對你有幫助，比如說：「我很有能力，能成功達成目標！」

我們發現，把肯定句轉成問句會更加有效：「我身上的什麼特質可以促使我成功達成目標？」大腦是個神奇的機器，你問它一個問題，它就會為你搜索答案。如果你問了這樣的問題，卻找不到答案，那麼可以找一個珍視你、欣賞你的朋友，請他們告訴你答案。我們向你保證，他們會幫到你的。

如果他們告訴你的是你不曾覺察的優點，請不要驚訝。他們可能會告訴你，待在你身邊很舒服，或者與你相處會讓人變開心，又或是你值得信賴，也可能是你能幫助他們以不同的角度看待事物。

如果你看不到自己的優點，那只是因為你太習慣於自我批判了。現在該是改變這個習慣的時候。還記得我們說過的嗎？堅持二十一天，你就能開始改變你的舊習。把類似這樣的提問貼在目光所及之處，至少連續二十一天，每天看一眼這些問題，花幾分鐘書寫你欣賞自己的地方，這是我和珍妮特在自己的人生中養成的重要習慣之一，我們稱之為「欣賞遊戲」，我們會在第七章分享該遊戲的細節。

你會發現，**透過把注意力放在你的強項上、你的能力上、你可以實現目標的原因上，恐懼自然而然就會消逝**。你所渴望的結果會非常輕鬆地呈現在你的生命中。

放鬆臣服：無法抗拒的吸引力

放鬆臣服意味著不緊張，其實設定意圖、保持專注本來就是一個輕鬆、簡單、毫不費力的過程。

不論你身在何處，經歷何事，你都在透過你關注的事物創造著你的世界。你不必費力，自然而然就在這麼做。不論你正面臨著一場災難，或者你是一位艱難為生的單親媽媽，抑或是一位房地產大亨，你都在這麼做。每天，你都從你所關注的事物中創造著你的人生體驗。

這是一個選擇，然而大多數人並不去選擇，許多人無意識地讓自己的注意力流向了自己最恐懼的事物。猜猜他們的生活中會出現什麼呢？沒錯，正是他們最恐懼的事物。

一個身處災難中的人，可以選擇將注意力聚焦在失去生命的恐懼上，也可以聚焦於自己能為身邊需要幫助的人做些什麼；正處貧困中的單親媽媽，可以選擇聚焦在沒錢撫養孩子的恐懼上，也可以聚焦於當下可以為孩子做些什麼；房產大亨可以將注意力聚焦在財產可能變成泡沫的恐懼上，也可以聚焦於自己可以運用財富做什麼善事上。

敏銳地意識自己的注意力放在何處，並不會比毫無意識地選擇更難。區別只在現在你已非常有意識，知道自己正在創造什麼了。如果你想知道自己多麼有力量，看看你的生活便知。看看迄今為止你創造了什麼，無論好的壞的，那都是你的創造物。那麼好消息來了：如果你不滿意現有的創造，你可以即刻開始有意識地重新創造。

你的熱情清單和我們接下來的章節裡分享的種種工具，都是為了啟發你、激勵你和提醒你，什麼才是對你來說生命中真正重要的事，這些工具將幫助你專注於能帶給你更多喜悅和滿足感的事物上。

如果你發現自己不想了解你的熱情、不想複習你的目標、不想重溫你的願景，那意味著要麼你對這些事情倍感壓力，要麼你有一種潛在的恐懼，害怕無法擁有或達成自己所寫的東西。

倘若你對某事擁有真正的熱情，任何事情也無法阻擋你。你不必費力去注意，因為它對你有無可抗拒的吸引力。

克里斯會告訴你：「我已經費盡心思，想要把珍妮特的注意力引到別的項目上，但什麼也無法阻擋她對印度之旅的熱情。」毫無疑問，從珍妮特的角度來講，她根本無需費力，她只是彷彿被一股熱忱自動牽引到那條道路上，這項熱情自有引力。

如果你寫出的熱情令你怦然心動，如果你的目標崇高且可企及，如果你的願景與內心最深處的渴望合一，那麼它們將自然而然地牽動你。你每天會迫不及待地複習你的熱情，即便在低落時，你也會忍不住去重溫，因為它們會重振你的勇氣。

當你的想法與內心最深處的火花一致時，設定意圖、保持專注和放鬆臣服就會渾然天成，毫不費力。

寫下你的熱情標誌

潘卡．納拉姆醫生深知，自己的熱情是成為最著名的阿育吠陀醫師，讓阿育吠陀自然醫學享譽世界。在老師的幫助下，他清楚地知道了這項熱情的「標誌」，或者說「路標」，讓他知道什麼情況下代表他已真正活在這項熱情裡。

從他的角度來看，他當初在寫下這些標誌時，為名人診脈、受德蕾莎修女表彰、為十幾萬人治病、在世界各地開設阿育吠陀診所根本都不可能實現。然而他只是單純採納了老師的建議，將他想在生命中創造的這些事情（即他的意圖）寫下來。然後在積累阿育吠陀實踐經驗的過程裡，始終將這些標誌放在心中（保持專注），他並沒有充滿壓力地去追逐這些目標，只是允許這些憧憬在自身完美的時機發生（放鬆臣服），最終它們真的發生了！

現在你也有同等的機會。請拿出一張白紙，在紙張最上方寫下一條你最重要的熱情，然後寫出三到五條標誌，描述當你全然活出那項熱情時，會發生什麼事。這些事情為你表明，你的熱情已然綻放在你精采的生命裡。

請不要費力思考這些標誌該怎麼實現，只需寫下來即可。例如：

熱情：我是享譽世界的鋼琴演奏家

標誌：

1. 我為各國元首演奏樂曲
2. 我和紐約愛樂樂團同台演出
3. 我有自己的電視特別節目
4. 每年我的演出收入逾百萬美元

熱情：我活在當下，信任自己的直覺

標誌：

1. 我全心全意陪伴每位我遇見並與之相處的人
2. 我體驗到每一天都是完美的，生活自然流動，毫不費力
3. 我有清楚的內在直覺，知曉每個當下於我而言的最佳行動是什麼
4. 人們說我非常自信，在我身邊無比神奇

好，現在輪到你了，給你的每項熱情專門留出一個空白頁，為每一項列出相應的標誌。將它們保存好，因為在下個章節，你還會再次使用到它們。

要記得，事情常常出乎我們意料展開。照顧繼母絕不是珍妮特「與聖者共度美好時光」的標誌之一，但她保持開放，依循她當下的熱情做出選擇，她萬萬沒想到的是……

第6章

讓夢想變得更鮮明

「當我們對當下發生的一切保持開放時，每個時刻都是一份珍貴的禮物。」

——珍妮特與克里斯·艾特伍德

珍妮特：當我聽到繼母需要人照顧的時候，我知道，這就是我必須做的。抱著對每一刻的境遇保持開放的態度，我暫且將與聖人共度美好時光的夢想擱置一邊，搬進了瑪姬家去陪伴她。現在她已成了我最重要的熱情。

那也是我經歷過最美好的時光之一。其實，從我踏進瑪姬家那一刻起，我就感受到了一種祝福，我很清楚地知道，能夠陪伴她度過生命裡最後一程是一份珍貴的禮物，畢竟，我們曾一起經歷了那麼多人生的起起伏伏。

我對瑪姬說，能夠成為照看她的那個人，我覺得很幸福，而她的回答令我淚如泉湧：「珍妮特，謝謝你！聽你這麼說，我真的很高興，因為我一直害怕我會成為你的負擔。」愛瞬間盈滿整個房間。

然而，不到短短一週的時間，瑪姬的病情就以驚人的速度惡化了，這讓我十分震驚。她所剩的時光看起來比醫生預估的五到六個月要少得多。

就在我抵達的第五天，瑪姬就安詳地離世了。那時我的姐姐還遠在海外，所以就由我和哥哥一起負責她的後事。

我曾在瑪姬生前問過，是否可以在她離世以後為她舉行一個特殊的儀式。我對她說，我從一位靈性老師那裡學到，靈魂離開身體尚需一些時日，為確保順利轉化，逝者的親朋好友最好能為死者祈福、冥想、唱誦靈性歌曲和誦讀經典。瑪姬對這個主意欣然同意，她說如果我能在她死後為她操辦這樣的儀式，她會倍感榮幸。

我和侄女冬妮婭一起為瑪姬洗浴，給她穿上生前最喜愛的衣裳。我們在家園附近採摘了上百束鮮花，鋪滿瑪姬的全身，只露出她那安詳美麗的臉龐，散發出寧靜的光芒。我和哥哥還把她生前愛養的植物、最喜歡的照片都收集來圍放在她身旁。最後，我們點上了蠟燭和香，為她創造出一個最神聖美好的氛圍。

次日，我們一起冥想、祈禱、誦讀經典，還播放了她最喜歡的音樂。強尼甚至執意要看高爾夫錦標賽，還把音量調到最大。他說萬一瑪姬想聽，就能聽到了，他鄭重其事地說：「高爾夫可是瑪姬最喜歡的體育運動哦！」

十分湊巧的是，瑪姬離世後的第二天，一位曾在印度駐留多年的朋友寄給我一封郵件。她告訴我一位名叫巴普吉（Bapuji）的印度聖者正在奧蘭芝市，離我家只有三小時車程，她提醒我一定要抓住這個機會去拜訪他，拍攝我的紀錄片。我的朋友那時還不知道瑪姬剛剛過世。我告訴她最近發生的一切，她給了我巴普吉一位弟子的電話號碼。那時我心裡想：「或許巴普吉可以告訴我，我還可以為瑪姬做些什麼。」

我撥通了電話，透過翻譯與巴普吉交談，得知他的全名叫阿瓦胡特・瑪哈拉吉尊者。我和這位偉大智者交談了幾分鐘後，他的弟子告訴我：「巴普吉希望您知道，他明天很有可能會去您家，為您的母親祈福，他說可能性是九九%。」

我覺得分外幸運，第二天，在約好的時間裡，只見一輛小汽車緩緩駛來，車裡走出了一位優雅祥和的印度老人。他身著純白色「多蒂」——一種印度傳統長袍，手裡環抱著一束玫瑰，身後的隨行弟子提了一大籃子新鮮水果。

巴普吉仔細環顧了瑪姬所在的房間，臉上漾起慈祥的笑意。看得出來，他對我們目前為瑪姬做的這一切深表讚許。他認真遞給我和哥哥一人一支玫瑰花，讓我們把花輕輕交叉，放在瑪姬身上。放好以後，巴普吉佇立在瑪姬身旁，久久靜默。此後，他示意我們席地而坐，自己也移步到我們旁邊，坐在了沙發上。在接下來兩個小時裡，靜默不語，時而輕點我們的頭頂，賜予我們愛的加持。

結束之後，巴普吉緩緩走向他的車子，臨別時，他轉身看著我和哥哥，對我們說：「你們知道我今天為什麼會來嗎？」

「不知道。」我說。

「不是因為你們的原因。」

「我也沒有這麼想。」我回答。

巴普吉凝視著我們，眼裡滿含著愛與慈悲，他用輕柔的聲音說：「我來，是因為當你告訴我你的母親過世的時候，我感受到了一種深深的連結。我感受到，或許有一世她曾是我的母親。」

我那「與聖者共度美好時光」的熱情，就這樣以我從未想到的方式開啟了。

就是如此，或者更好！

對珍妮特來說，瑪姬的離世令她震驚，一切都發生得太快，太始料未及了。令她同樣震驚的是，一週之後哥哥告訴她，瑪姬留給她一大筆遺產，她很快就會收到一大筆錢。

突然間，她去印度之行所需的資金全部籌齊了——那是她摯愛的瑪姬贈予她的禮物。這也是為什麼在熱情卡片的最後，我們總會加上這一行字：「就是如此，或者更好！」

珍妮特的經歷闡述了一個很重要的祕密：**當你了解你的熱情為何以後，你往往無法預料它們會如何實現**。

好吧，我們能聽到你說：「這純屬幸運的巧合，我可沒有富有的親戚即將離世，給我留下一大筆遺產啊！」

這正是關鍵所在，你永遠無法提前預知你的熱情會如何實現。珍妮特也未曾想過瑪姬會離開，並給她留下金錢，瑪姬的過世純屬意料之外。

珍妮特不可能精準地推算出，如何才能收到實現熱情需要的那麼多錢。那一刻她唯有對發生的一切保持開放，而非緊抓著自以為需要的東西不放。

實現熱情的途徑可能以千萬種形式呈現。大多數人一直以來被教導的方式是，如果我們想要達成什麼，首先必須制定一個計畫，然後執行該計畫。倘若你執行得足夠好，你便能享受到成果。

那或許於你而言完全奏效，但也可能有些時候，即便你制定了完美計畫，所有的事也未必按照你的意願進行。在這樣的時刻，**要留意不要認為「實現夢想的路徑僅此一條」**。

生活需要你保持開放，去意識到，生命中美好的事情有時不會以你料想的方式到來。當事情未如你所願、未如你期待和計畫的那般發生時，不妨放下一己之願，對宇宙的意旨保持開放，對大自然完美的組織力量保持開放。去看看生命會如何開展，接納當下發生的所有。

當珍妮特的繼母需要她的時候，那一刻，她意識到「給予家人愛與支援」這項熱情變得比「與聖者共度美好時光」這項熱情更為重要。沒想到，她對瑪姬毫無保留的愛，為她帶來了一位聖者。

珍妮特透過書寫自己最熱愛的事情，運用一個簡單的流程篩選出五大熱情，開啟了自己非凡的冒險之旅。我們稍後會與你講述這趟旅行中的故事，在此之前，讓我們先來創作屬於你的願景板和熱情頁面，並寫下你的百歲誕辰演講吧！

願景板：開創夢想人生的第一步

我們的朋友約翰·阿薩拉夫（John Assaraf）居住在加州聖地牙哥市的近郊，他的豪宅坐落在山頂上，其面積橫跨六座山頭，四周被三百二十株碩果累累的香橙樹所環繞，從他家俯瞰下去，是令人震撼的高山美景。他在商業方面獲得巨大的成功，成為億萬富翁。

多年前，約翰還住在印第安那州的時候，曾從雜誌上剪下了許多心儀的圖片，給自己製作了一幅願景板——上面貼滿了所有他想在生命裡創造的事物，其中有一幅圖就是他的夢想之家。

有兩年的時間，他一直將這幅願景板掛在辦公室的牆上，提醒自己真正想要創造的生活是何模樣。兩年之後，他取下這塊舊願景板，擱置一旁，再也沒有看過一次。

約莫又過了五年，約翰舉家搬遷到現在所居住的聖地牙哥郊外這幢美麗的房子裡。搬家工人把一個個裝著他各式各樣願景板的盒子送到了他的新居。他把盒子放到辦公室，打算晚些再來拆。一天早晨，他的兒子跑進辦公室，注意到了這些盒子，問他說：「爸爸，這些是什麼？」

「這些是你出生之前我做的願景板，上面貼滿了我夢想有一天能擁有的一切。」

約翰抽出其中一塊願景板給兒子看，他瞬間驚呆了，他看著手中這塊願景板，上面有他多年前貼的一張圖片，竟然就是他家現在居住的這幢房子！在購買這座夢想之屋時，他完全不記得當年製作的這塊願景板和其中的圖片了。然而，不知不覺，他的潛意識竟牽引著他住進了這幢他早就為自己挑選的完美之家。

我們之所以和你講述這個故事，有兩個原因：第一，**也是最為重要的一點，就是永遠不要低估你的心智創造願景的力量；第二，製作一塊願景板是你為開創夢想人生所做的最有趣的事情之一！**

你可以找一張海報紙，也可以像克里斯那樣在一面大鏡子上開啟創作，將你的願景圖貼上去。後者的優勢在於，隨著時間的推移，你可以非常方便地增添或更換圖片。珍妮特則愛將自己的願景圖貼在筆記本裡，這樣她就能時不時坐下來欣賞一番，而且便於隨身攜帶。

不論你採用什麼方式，不妨先找一些與你的熱情主題相關的雜誌，開始愉快地瀏覽吧！你也可以在網路上找到想要的圖片。

把印有你想擁有之物、想做之事、想成為的樣子的圖片剪下來，貼在自己的願景板上，然後把願景板放在每天都可以看到的地方。如此，你就創造出一個簡單的圖片集，用以提醒自己，什麼是你選擇在生命裡創造的東西。還記得我們教給你的那句口訣嗎？

你所關注之處，在你的生命中必將變強。

願景板正是這樣一個簡單的方法，能有效幫助你聚焦在自己真正想變強的事物上。

製作願景板是不是很有趣呢？當然，如果你像我們一樣，仍在閱讀手頭這本書，可能還沒有去做自己的願景板。不過請記得，那些活出了最熱愛人生的成功人士，都是願意花時間去做內在功課的人。

製作願景板是一項非常適合與好朋友一起進行的活動，所以如果你還沒開始，不妨舉辦一場願景派對，邀請你最好的朋友，一起來創作屬於你們的願景板吧！

現在讓我們稍作梳理，到目前為止我們完成了什麼？你已經：

- 發現了自己的五大生命熱情
- 擁有了自己的熱情卡片，並張貼在戰略要地
- 清楚了自己的熱情標誌
- 製作了願景板

為什麼要做這些事情？因為——當你清晰無疑時，你所渴望的就會顯化在生命裡，其顯化程度與你的清晰程度成正比。

熱情頁面：提升願景，啟迪靈感

此刻，對於活出熱愛時你的人生會是什麼樣，你是否有了更清晰的概念呢？接下來，讓我們把這種清晰程度再提升到一個全新層次，開始創建你的熱情頁面吧！

在第五章裡，你分別將五大熱情寫在了五張紙上，並為每項熱情書寫了標誌。現在，就在這同一張紙裡，分別為每項熱情寫出幾個清楚詳細的段落，描述這項熱情於你而言究竟意

味著什麼。

閉上眼睛，想像一下，如果你已經完全活出了這個熱情，你的生活會是什麼樣子？你感覺如何？當你充分活在這個熱情裡的時候，你的日子會發生什麼改變嗎？你與他人互動的方式又有何變化呢？這個熱情給你的生命帶來了什麼影響？

一旦你清楚觀想出充分活出熱愛的樣子，便可以開始書寫，現在就開始吧！

當你書寫完對五大熱情每一項的細緻描述以後，請休息片刻。幾分鐘後、一小時後，或是明天再來翻開這些頁面，大聲朗讀給自己聽。

先朗讀一遍你的五大熱情，感覺怎麼樣？然後讀出你為之書寫的每一頁詳情。每讀完一篇，稍作停頓，閉上眼睛，在腦海中栩栩如生地觀想生活如你所寫的那般呈現。感覺如何？

讓我們記住另一則箴言：

“

生活首先在腦海中創造出來，然後才形顯於外在世界。

”

未來會完全如你現在所觀想的那樣嗎？當然不會！它只會更好。書寫這些頁面的目的在於提升你的願景，獲得靈感啟迪，並且輕推我們的心，讓它去到從前無法抵達之境。

你的生活永遠會比你現在所能想像得還要好，因為你已開始有意識地創造那樣的人生了，未來的人生是你在此時與彼時之間，經歷的所有進化與成長得來的結果。

如果你執意要生活看起來是你認為它應該是的樣子，它反而會看起來變糟糕；如果你堅持要這個世界符合你認定的最佳樣貌，它卻不能如你所願，會如何呢？你會感到痛苦。

生命裡的一切都是為了你的進化而安排的，掌管萬物存在的自然法則（包括我們的日常生活），是為了支持你體驗到更深層的真我本質而設計的。

當你抗拒真實時，你就會輸——每一次都會如此。當你認識到生命的每個部分都在讓你更完整深刻地理解自己的真實本質時，生命只會變好。

對生命此刻呈現的樣子保持開放，釋放你認為它「應該」如何的執念，你就為奇蹟的發生創造了空間。

百歲誕辰演講

現在讓我們來把這些星星的碎片融合在一起，匯成一幅宏大的生命願景。今天你將有機會穿越時空，前往你的百歲生日現場，從那遙遠的未來回望這一生。

想像一下那個特別的日子到來了，親朋好友齊聚一堂，和你共度美好時光。在這一天，你的伴侶或是最好的朋友將為你獻上一份珍貴的演講，感恩你在漫長的一生中給予他人和分享給這個世界的一切。

現在你將要書寫這篇演講稿。

你想在生命裡締造怎樣的傳奇？你希望人們如何憶起你？你的百歲誕辰演講會把你目前為止做的這些——五大熱情、標誌、願景板及熱情頁面——糅合在一起，匯總成一幅美好的生命畫卷。當你完成自己的百歲誕辰演講，它理應包含你寫的所有內容，因為你完全可以擁有你選擇在人生中擁有的一切。

書寫這份演講時，請用第三人稱來寫，就好像你最好的朋友或是你的伴侶正在講述你的故事、你的生活、你給這個世界帶來的影響力。

這是一個暢然想像的機會，談談你真心想要創造的那種人生。想像一下，你現在就置身於百歲生日會的現場，從那個點回望自己的人生。倘若你已經度過了坦然滿足的一生，它會是什麼樣子呢？你愛過誰，又被誰愛著？你創造了什麼，又經由你的人生給予這個世界怎樣的啟迪？為什麼人們如此感激認識了你？

或許你會洋洋灑灑寫上好幾頁。畢竟，它描述的是你一生的貢獻。以下舉一個簡短的例子，是克里斯在珍妮特的百歲生日會上可能會演講的內容，便於你開啟自己的書寫：

感謝諸位不遠萬里來到美國的愛荷華州費爾菲爾德市，這塊土地在珍妮特及眾多人的努力下，成為了人們理想生活的典範。今天我們歡聚於此，共同慶祝一個給無數人帶來美好影響力的生命。現在有超過五千人聚集在這裡，慶賀這位美麗女士的百歲生日，對此我並不驚奇，因為她感動過那麼多人的心。

大家從五湖四海遠道而來，有的從喜馬拉雅聖地和尼泊爾高山上來，也有的從歐洲、南美洲、澳大利亞、紐西蘭、亞洲和非洲各個城市趕來。珍妮特的人生對我們所有致力於活出熱情、富有覺知地生活的朋友們而言，都是一份啟迪。

珍妮特為我們親身示範了，當我們百分百承諾於自己的生命熱情時，奇蹟會如何一而再、再而三地降臨。她的著作、電視節目、影視作品、期刊雜誌和廣播節目都圍繞著一個核心主題：你的熱愛是通往天命的線索。

她用一生致力於教導人們如何活出富有熱情的人生，這多麼恰如其分，因為她自己的人生就在淋漓盡致地表達這個主題。熱愛由心而生，她有一顆寬廣美好的心，這顆心感動過無數人，也使她的系列節目成為了世界上最受歡迎的節目之一。

也是這顆美好有愛的心與許多電影工作者相連，出品了極具開創性的紀錄片，將當代智者的箴言帶給全世界的千家萬戶，這部影片贏得了奧斯卡紀錄片大獎，影響深遠。

認識她的人都喜歡親切地稱她為「珍妮媽媽」，因為她確實是一位偉大母親，指引我們發現人生使命，用誠摯的奉獻服務世界。

她在商業領域大獲成功，也因慈善事業啟迪世人。她是反向什一奉獻的實踐典範，將每年收入的九〇%都捐贈給致力於提升人們生活品質的各項事業。

即使有朝一日，在珍妮特離去以後，她的公益基金會及其每年投入於提升生活品質的數十億資金，依然會透過預防性醫療專案、有機農業專案、教育專案、財務自給自足專案、社區規劃專案、科研專案、藝術專案和人類意識提升等諸多項目，對世界產生持久而深遠的影響。

這是一篇百歲誕辰演講的範例。請記得你是獨一無二的，你的熱愛會指引著你表達出自己獨一無二的天賦，你就是你，所以你的演講不必聽起來像珍妮特那樣，或是克里斯那樣，也不必像任何人一樣，它就是你最珍貴而獨特的演講。

並不是每一個人的熱愛都會指引他們前往那麼宏大的理想，有些朋友的百歲誕辰演講聽起來更像是這樣（在你閱讀的時候，不妨想一想，你會如何訴說你的百歲人生？）：

今天，真的很高興在這裡與諸位相聚，我們都是被約翰感動過的人。約翰的一生，是愛的一生。

他熱愛家庭，熱愛大海，熱愛大自然。他喜歡在碼頭與形形色色的人相遇，與朋友們共度美好時光。他善於與人相處，能夠真正地理解別人，人們往往不知不覺就對他敞開心扉，與之分享自己的生命故事。約翰有一種特別的能力，總能讓人感受到自己獨特的價值，感受到生命如此值得。

他的愛心惠及四方，在上世紀的幾場大災難期間，約翰多次去到災區，給當地災民發放一張張二十美元的救濟鈔。只因他留意到，儘管災難倖存者能夠收到許多物資支持，但二十美元仍能解決很多人的燃眉之急。

約翰是那麼忠誠，他無數次盡心盡力地給予自己美麗的妻子安妮、姐妹和朋友們幫助，將他們視作生命的重心。

他總是遵循心的指引，他找到一種將自己對海洋的熱愛和謀生需要完美結合起來的工作方式。多年以來他都在船上生活，他那敏銳的嗅覺常能發現極具潛力的破舊船隻，經由高超的技術改造，將其修復如初，既給客戶帶來價值，也給自己創造了可觀的收入。

他傾其一生地為大家奉獻。今天，親朋好友們、他所愛的人們共聚一堂，是多麼順理成章又值得高興的事啊！

書寫百歲誕辰演講是一次難能可貴的機會，讓你可以表達你來到這個地球上的原因，描述你過去曾經、現在如何、未來又會怎樣把你的天賦禮物送給世界。盡情去書寫吧！看看它會給你帶來什麼感受。

現在就可以開始！本書所有的練習都圍繞著一個目的：不斷釐清你想要的生活是什麼樣子。**當你書寫百歲誕辰演講時，看起來你是在書寫自己的未來，實則並非如此，你在書寫的是存在於這個瞬間的意念、夢想和願景。**

到你百歲生日真正來臨的那天，我敢保證它必定與你現在所寫的不同。你寫的不是未來，因為未來會怎樣我們無從知曉，你今天所寫的僅關乎於你此刻的想法和感受。這段過程會將你一直渴望的更多的喜悅、更多的豐盛、更好的成功、更深的平靜、更美的幸福等，與你的生命拉近。當未來到來，變成現在，它具體會是什麼樣子，留待生命的奧祕去揭曉吧！這也是為什麼我們在所寫所畫的每樣東西的最後，都會加上這一句：「就是如此，或者更好！」

二〇〇三年，當珍妮特做完新一版熱情測試時，她表達出了自己的渴望——「與聖人共度美好時光」。那時，她還無法想像比這「更好」到底意味著什麼。是啊，迎接她的會是怎樣一份驚喜呢？

第7章

這世界如你所是

「明白活著意義的人，方能忍受生命裡所有的遭遇。」

——弗里德里希·尼采（Friedrich Nietzsche），

德國哲學家

珍妮特：有了去印度的資金保障，現在我只需要安排一些細節了。我聯繫朱莉安，請她訂購好所有我們需要的攝影設備。此後我又聯繫了朋友，請他們為我引薦一些印度和尼泊爾最具智慧的導師。我運用自己與生俱來的連結能力，終於得到拜訪其中幾位導師的機會。

我到達印度後，第一站去了位於印度西部的一座小村莊，那裡是阿瓦胡特．瑪哈拉吉尊者（我們又稱他「巴普吉」）的家鄉，這位曾為我繼母祈福的聖者就住在這裡。

巴普吉邀請我們去他家做客，他家位於亞美達巴德（Ahmedabad）郊外一座偏僻的小村莊，全家共十七人，妻子們、兒子們、小孩子們、親朋好友齊聚一堂，快樂地生活在一起。這是一個非常美麗的家，儘管樸素，但乾淨有序。巴普吉幫我和朱莉安在頂樓安排了兩個房間，一間給我們當臥室用，一間給我們當冥想室。

我在印度學到的第一課即將開始。

在巴普吉家的第一天清晨，我四點半就醒來了。那時朱莉安仍在睡夢中，我決定自己先去冥想。我點了一根蠟燭帶到冥想室，放在一個看起來像是桌台的地方，開始冥想起來。

過了一下子，我聽見朱莉安起床的聲音，就回房去跟她打招呼。我們一起坐在床上開懷大笑，感嘆生命多麼奇妙。現在我們身處一個完全陌生的環境裡，身邊的印度朋友甚至都不太會說英語，我們卻莫名適應，彷彿生活本該如此。就在我們談笑風生之際，突然間我們聞到了一股煙味。我環顧四周，看見冥想室的門那邊有火苗在竄動。

「我的天哪！」我說，「房間失火了！」我的大腦開始飛速旋轉，立即進入了應急模式。我立刻想起頂樓的盥洗室裡還有兩桶水，這層樓其他地方都沒有自來水。

我害怕會把巴普吉的家燒掉，讓他的家人陷入危險，於是對朱莉安大喊：「我們現在就去取水，快！」說罷火速奔向盥洗室，一把提起那兩桶水，跑到冥想室裡，潑向那些著火的物品。但是火勢蔓延速度極快，有一面牆幾乎要被吞噬了。

我唯一的想法就是：「我絕不能燒掉巴普吉的家！」我又跑進臥室，抓起我的枕頭。朱莉安大聲朝著我叫喊，要我必須離開失火的房間，不然我會喪命的。但我卻不管不顧，憤怒地撲打著火焰，用我的枕頭歇斯底里地與之對抗，期盼著一線奇蹟。

在我快被煙霧包圍的時候，朱莉安因為擔憂我和其他人的安危，迅速跑出了這棟樓，用盡全力大喊：「失火了！失火了！」巴普吉的兒子們不太懂英文，他們花了好一會兒才明白朱莉安在喊什麼。在全家人終於都明白了朱莉安的意思之後，各種水桶突然憑空出現，被運往失火的房間，不一會兒，大火就被澆滅了。

在火勢未滅之前，我和朱莉安就已經被巴普吉的妻子們、家裡的孩子們團團圍住，他們都在關心我們是否安然無恙。在這樣的一片混亂之中，我震驚地覺察到，沒有任何一個人擔心房子怎麼樣了，失火的房間如何了，或者有沒有什麼重要物品燒毀了。

這家人在確認了我和朱莉安平安無恙以後，才快速查看了一遍房屋受損情況。其中有一整面牆和八個放滿這家人重要物品的大箱子被燒毀，這讓我無比絕望。他們確認了一遍、二遍、三遍、四遍我們沒事之後，開始放聲大笑，笑聲在整個屋子裡迴盪。我和朱莉安則站在那裡呆若木雞，因為我們完全不明白他們在笑什麼。

巴普吉走到我們身邊說：「不要覺得難過，這場火是一場賜福。」然後便微笑地走開了，他的家人也微笑著表示認同，只有我和朱莉安震驚地張大了嘴巴。

我淚流滿面，看著朱莉安說：「他們到底是什麼人啊？」

深深的謙卑洗滌了我的心，此刻我也感受到了一種祝福。我很感激能夠親眼見證行動中的愛，這是一種真切存在的愛。我差點燒掉了巴普吉一家住了多年的房子，他們唯一的反應卻是：「你還好嗎？」而且那麼快就釋然了，還說「這是一場賜福」！

你重要的家當都燒成灰燼，怎麼還能稱之為賜福呢？巴普吉一家深知不破不立，**當舊的毀滅時，新的創造即將開始**。生命是無常的，執著於舊事物只會阻礙新事物的來臨。

巴普吉一家視創造與毀滅為神所做的事，他們相信宇宙的善意，相信萬物皆有靈。因為他們將一切視為恩典，所以沒有受害者的身分和概念。如同《聖經》中所言：「感恩所有的處境，因為那是神對你的旨意。」

珍妮特的印度和尼泊爾探險之旅從這裡拉開序幕，稍後我們會與你分享為什麼她回到家時的心得是「一生中最棒的經歷」，在此之前，我們想送給你一些對你的熱情之旅非常有幫助的工具。

我們幫成千上萬人做過熱情測試，每當我們發現有人難以相信自己的熱情會實現，其中都包含一個老掉牙的問題——「低自尊」。你是否曾經發現，當一個人對自己感覺很糟糕的時候，無論你對他們說他們有多好、多棒，以及你多麼愛他們，他們都彷彿聽不到？有一個念頭經常伴隨著低自尊：「我不夠有價值，因此我不可能實現我的夢想。」

之前我們承諾過，一旦你清楚了自己的熱情是「什麼」，我們就會與你分享「怎麼」實現熱情的祕密。或許你還記得，一開始珍妮特發想過很多去印度的方法，然而回顧來時路，你會發現，最終她怎麼去到那裡的，絕不是她當初能計畫出來的。在你與自然法則、生命之流調頻一致，與你的「高我」調頻一致後，活出熱情的方法才會顯現。

在這一章，我們會與你分享強而有力的工具和一些基本法則，幫助你與自己的「高我」連接——這個部分的你擁有實現所有夢想的能力，也能讓你發揮出所有的天賦潛力。

欣賞遊戲：發展你美好的特質

珍妮特：有好幾年，我都飽受低自尊的折磨，原因我不在此贅述。本著積極行動的精神，我更想與你分享多年前我的一位好朋友瑪麗・黛蒙德（Marie Diamond）推薦給我的一個小工具，它真的幫我改變了看待自己的方式。我和克里斯喜歡把它稱為「欣賞遊戲」。

每天晚上，當我回顧這一天的時候，我都會努力找出一些欣賞自己的地方，不需要是什麼了不起的大事，練習的目的只是去找出我可以欣賞自己的地方，無論大小，都沒關係。

一開始我做起來並不容易，我很快便發現，讓自己感覺像個受害者給我帶來了某些病態的「好處」。當我去探究為什麼我沒法欣賞自己，總是感覺自己好像沒有價值、無能、不值得被愛的時候，我有了一個非常有趣的發現，我發現了做受害者的好處（要知道你做某件事情背後一定有原因）：

1. 能博得別人的關注
2. 能得到別人的同情
3. 這樣我就有理由放棄了

4. 這樣我就有理由覺得自己沒有價值
5. 這個清單還可以無限延續……

很可怕吧？不過，總的來說，在反復開始、停止、開始、停止欣賞遊戲之後，我終於甩掉了我的低自尊上癮症，反其道而行，選擇將我的注意力放在自己的熱情上，以及我所取得的大大小小成就上。

在我的課程中，我常常與人分享馬克．維克多．漢森和羅伯特．艾倫說過的一個關於兩支保齡球隊的故事，來闡明這一點的重要性。

保齡球A隊打完比賽後收到了一個剪輯好的影片，裡面記錄著所有他們本場比賽失誤的地方，研究人員告知該球隊的成員，他們要認真研究這支影片，以便改進自己在比賽中的表現。同時，與他們水準相當的保齡球B隊在比賽完以後，也收到了一支剪輯好的影片，裡面只記錄了所有成員在本場比賽裡的最佳表現。研究人員要求兩支隊伍都認真研究自己的影片，目的是提升各自在下次比賽中的表現。

不久以後，兩支球隊再次進行了比賽。猜猜結果如何？結果是——兩支球隊都進步了，但是聚焦在自己最佳表現上的那支球隊進步程度要大得多。

你理解了嗎？請將注意力聚焦在你做對的、你有所收穫的和你做得好的地方吧！你會發現，自己的進步將比從前拚命修補那些錯誤的日子，要來得更快也更多。

說到「錯誤」，我們不妨來重新檢視這個詞：「一個錯誤代表著某件事你失誤了一次。」你是否已經有所察覺？既然你可以失誤一次，那麼意味著你還可以再做一次、兩次和三次……是的，那僅僅是一次失誤而已，你還有機會再嘗試一次！是不是很棒？或許你一生中無數次認定自己做錯了，但錯誤其實只是讓你發現此路行不通而已，讓你知道還有其他更好的路，能夠更好地幫助你，這是一件多麼棒的事情啊！

讓我們再次回到欣賞遊戲上，你既可以獨自進行這個遊戲，也可以與一位夥伴一起，如果能和一位真心愛你、欣賞你的夥伴一起玩這個遊戲，真的會很有趣！

如果是獨自玩欣賞遊戲，**請在每天清晨醒來時或夜晚臨睡前，花幾分鐘坐下來，列一份清單，寫下至少十件你欣賞自己的地方，或者你當天達成的成就，或是那天生活裡你獲得的美好。不要重複前一天已經寫過的內容。**

連續這麼做七天，再去觀察你對自己的看法有沒有發生什麼變化。寫下你的欣賞日誌，你將從中獲得益處。

這樣的欣賞遊戲不僅能讓你終於看到自己做到的那些很棒的事情，看到自己身上那些很棒的特質，還能讓你持久深入地發展自己最美好的特質。漸漸地，你的大腦就會徹底扭轉自我貶低的想法，那些想法正是阻礙你實現夢想的罪魁禍首。

如果你和一位同伴一起玩欣賞遊戲，那就準備好享受樂趣吧！你們要輪流欣賞彼此，你先找到對方身上令你欣賞之處，告訴對方，然後輪到對方來找到他們愛與欣賞你的地方，並告訴你。總共輪流講十次。

完成這一輪以後，再來一輪，只是這一輪每個人都要說一件欣賞自己的地方，而且不能重複之前夥伴欣賞過的內容！請留意你在玩完欣賞遊戲後，對自己和夥伴有了什麼全新的感受。

活出生命熱情的七大法則

人類與其他動物有一個最大的區別，就是人類擁有跟隨更高的生命法則去生活的能力。我們發現，要想活出富有熱情的人生，有一些關鍵法則，現在我們想把這些法則分享給你。

承諾

在你真心承諾之前，什麼也不會發生。在你創造所熱愛的生活的過程當中，再也沒有什麼比堅定不移地選擇自己的熱愛更為重要了。每一天或許都有無數外力，想讓你把別的事情放在你最熱愛的事情之前，所以你必須把你的熱情卡片放在隨時都能看到的地方，以便於提醒自己。

同時你要學會優雅友善地說「不」，比如你可以這樣表達：「我非常感激你的邀請，與此同時，現在我沒有辦法做那件事情。」要確保自己使用的是「同時」而非「但是」，「同時」是連接你與他人的橋樑，而「但是」只會讓你們成為對立面。

在不同的語境下，要適時地調整這句話。總之要記得，**先真心地感激、理解、愛和尊重他人，然後再平和地說出你的需要**。

在某些緊急情況下，最重要的事情可能會短暫發生變化。當珍妮特意識到瑪姬很可能餘日不多，在那個當下，比起與聖者共度美好時光，她對瑪姬的愛變得更為重要。所以在保持承諾決心的同時，也要隨時準備好靈活調整當前的步調。

清晰

當你清晰無疑時，你所想要的就會顯化在你的生命裡，其顯化程度與你的清晰程度成正比。你是否感覺這句話很熟悉？模糊的渴望會導致模糊的結果。請使用本書裡的方法，還有你能在其他地方找到的好方法，來幫助自己更加清楚到底想要創造什麼樣的人生。**獲得清楚的洞見並非一蹴而就的事，而是一個持續探索的過程**。請至少每半年重做一次熱情測試，至少每年回顧一次你的熱情標誌和熱情頁面。

專注

你所關注之處，在你的生命中必將變強。我們會在本書中一再重複這句話，直至它深深融入你的每一個細胞裡！請在每一天、每一刻密切關注你把注意力放在何處，你會由此吸引到所有需要的人事物，來創造出你聚焦的生命版本。**當你開始轉而關注所有流入生命裡的美好事物後，再去看看生活會發生怎樣的改變**。

保持開放的心態

生命中最美好的事情可能不會以你想的那種方式到來，當你保持開放的心態去面對當下發生的一切時，即便它與你設想的不同，你也可以放下個人執念，擴展自己，迎接廣闊宇宙給予你的安排。這就是你活出生命最高藍圖的道路，也是克服生命中可能出現的任何困難的祕訣。**當災難來臨時，你若保持開放的心態，就更能抓住隨之而來的機會**。經由保持開放的心態，珍妮特不僅獲得與瑪姬共度寶貴時光的機會，也遇見了巴普吉、獲得了他帶來的美好禮物。

正直如一

待人如待己之真，待己如待人之誠。我們大多數人所面臨的最大挑戰便是，一方面要面對我們對於他人的責任，一方面又要追尋自己的熱愛所在。

所以，**當你對他人做出承諾時，請確保那些承諾與你的熱愛在同一軌道上，而非背道而馳。一旦你做出了承諾，請堅定不移地投入。如果有別的事情發生，要先與對方溝通，請求**

允許，重新協商你們之間的承諾。如果他們不願意或無法做出調整，那就履行你最初的承諾——即便那會讓你感覺不舒服。

這樣做過幾次以後，你就會更加謹慎地對待自己的承諾。同樣地，你應當給予自己同等的尊重。**對自己做出一份承諾時，要如同你對他人的承諾那般珍重**。這也包含如果有新的情形出現，你願意與自己重新協商承諾。

如果珍妮特忽略瑪姬的需要，只是說：「對不起，我已承諾要與聖人共度好時光，所以不能來陪伴你。」那麼她就沒有誠實地面對自己。因為在那一刻，陪伴與照顧瑪姬對她而言已經變得更加重要了。要對自己真實，當你陷入懷疑時，記得練習法則七（遵循本心）。

持之以恆

能夠啟程的人為數不少，能夠堅持走到終點的人卻不多。只有堅持到底的人，才能收獲生命的圓滿與成功。拿破崙·希爾（Napoleon Hill）在其經典著作《思考致富》（*Think and Grow Rich*）裡講述了一位挖礦人的故事。這個人購買了一塊地，立志要挖到金礦。他發現了一條潛在的大礦脈，於是購置好機械，開始挖礦，但還沒等到他有任何明顯的收穫，這條礦脈就乾涸了。他不斷挖呀挖，最終失望地放棄了，把自己的土地和設備以幾百美元賣給了一個舊貨商。

舊貨商諮詢了一位專家，專家告訴他前一位礦主之所以失敗，是因為他不了解斷層線的性質。專家告訴這位新礦主，他可以在上一位挖礦人停下的地方不遠處再次找到礦脈。此人聽從了專家的建議，不久之後，就在離前一位礦主放棄的地方不到三英尺處，發現了價值百萬美元的金礦。

當你的生活真的符合你的熱愛時，持之以恆並不難。你會發現即便你想停下來，也做不到，因為你最深切的熱愛會自動自發地驅動著你向前。

遵循本心

在一切不盡如人意時，記得傾聽內心的聲音，熱愛來自於心，而不是來自於腦。**如果你感到迷茫、困惑，不知道該去往何處，你可以先邁開當下的腳步，留意你的心在向你訴說著什麼。**忠於熱愛，遵循本心，通往生命圓滿的道途就會在你的眼前慢慢展開。

敞開心胸，迎接一生中最棒的經歷

儘管經歷了種種磨難，珍妮特的印度之旅仍不失為她一生中最美妙的時光。是什麼造就了它的美妙呢？因為在那裡的每一天，她的內心都燃燒著一股熱情之火。在生活表面發生了什麼已變得無足輕重，生病也好、跌落山崖也好、獨自前行也好，不管什麼都無法撼動她對所做之事的熱愛。

有這樣一則祕訣，你或許會想記錄下來，那就是：

”當你與內心深處最深切、最重要的熱情連接時，無論什麼跌宕起伏都無法讓你偏離軌道。“

珍妮特：我無法用言語來描述此行的深刻體驗和那些改變我一生的際遇，但我想讓你體會，當你全情投入到你的熱情當中時，奇蹟是可能發生的。請允許我略述這趟非凡旅途上的見聞吧！

就在巴普吉家那場大火以後，我與朱莉安繼續一同前往尼泊爾，在那裡的經歷再次讓我大為震驚。這趟旅途的每一步都充滿了驚奇，首先，一位朋友幫我們介紹了一位一百零七歲的聖者，我們去拜訪她的時候，她正在禱告，並沒有留意到我們的到來。即便我們走進她的房間，她也不予注意，直到她完成日課。

之後，她才轉向我們，開始為我們唱誦美麗、有愛、神聖的奉獻之曲，與這位老人一起坐在這間樸素的小屋裡，我卻感覺比置身於最富麗堂皇的皇宮中，與最偉大的國王坐在一起還要舒適、放鬆和榮幸。

從那裡出發，我一路尋訪至喜馬拉雅高山深處，帶著我的拍攝器材，和嚮導一起拜訪更多的聖者。我曾一度住進醫院，遇見了一位阿格里大師（Aghori，阿格里教派有一種傳統，是透過擁抱一切經歷來獲得自由，其中包括大多數人認為「不好」或「不純淨」的經歷）。我所到之處，遇見的盡是愛。

你不只是你的身體

一年前我見過那位阿格里大師，他是潘卡．納拉姆醫生的老師。潘卡曾與我講述過許多有關他的特殊能力的故事，例如：他讓潘卡隨機在上百隻亂跑的猴子裡任選三隻，然後他不斷重複著一段特定的咒音，那三隻被選定的猴子竟然就來到了他的身旁，乖坐在他跟前。

潘卡解釋，阿格里是一門掌握特殊聲音的技術，這些特殊的聲音能在外在世界裡創造出特定的效果，但是這位阿格里大師拒絕向人傳授這些神通技巧，因為他說對超能力的追求是生命的徒勞。「讓人們去追求真正的修行和圓滿吧，那樣他想要的神通力才可以真正為自己所用。」這便是這位阿格里大師的建議。

潘卡帶我去拜訪這位阿格里上師，他悲傷地告訴我，在他的老師為一位弟子治療嚴重的耳疾時，老師本人也患上了耳癌。我問他為什麼會發生這種事，他說他也曾問過老師同樣的問題。

老師的回答很簡單：「這是我的業力顯現，我離開這個世界的時候到了。」

這一次，我回到尼泊爾，去醫院拜訪了這位阿格里大師，我被感受到的愛深深融化了。

我參觀他家的時候，潘卡指給我看這位阿格里大師愛著所有的生命，他不僅在家中養了數百隻狗、牛等各種動物，每一天他還把食物放在家門口，供經過的孔雀食用，這是真正的愛。

在我最後一次去醫院拜訪他的時候，我問他：「阿格里大師，還有什麼是您覺得我需要知道的嗎？」

他回答：「你不只是你的身體。」此後的好幾個月，在我穿行整個印度時，當我飽受嘔吐腹瀉、頭痛欲裂的折磨時，我無數次地回想起這句話。謝天謝地，我不只是我的身體！

從更深的層次來講，我理解阿格里大師是在告訴我，生命的真實超越了我們身體的物理形式。當我放下對身體的執念，我便對無限的、純淨的大我意識敞開了自己，真正的幸福和圓滿就在那裡。

生命熱情透過幫助我們與最深的真我本質緊密相連，來指引我們走向圓滿。這也是為什麼我們說熱愛是通往天命的線索。最終，你的天命是透過你的個體生命，自然而充分地表達純淨大我的本質。

保持開放的心態

熱情的道路上總會有一些有趣的曲折，接下來迎接我的可是一個猝不及防的大轉折。正當我們準備離開尼泊爾的時候，朱莉安對我說：「珍妮特，很抱歉，我不能和你一起繼續前行了。」

「什麼？」我驚聲問。

「我不能去了，我需要留在尼泊爾，找到我自己的熱情。」

用「震驚」也無法形容我當時的感受，要知道朱莉安是我的製片人，只有她知道怎麼使用那些攝影器材和調整麥克風，拍攝也是全權由她負責。不過我也懂得這一定是一份賜福，每件事情都是賜福。就在我要登機前往德里（Delhi）之前的幾個小時，朱莉安給我來了一次速成培訓，教我使用那些攝影器材。

我和克里斯曾合著過一本名為《從悲傷到喜悅》（*From Sad to Glad*）的電子書，教人如何在變局中保持開放的心態，現在我有機會自己親身實踐一下了。我們一起念了一段祈禱文，然後我就獨自登機了。

我繼續踏上旅程，走過了一站又一站，也見到了一位又一位偉大的老師。

我「與聖者共度美好時光」的熱情遠比當初想像的更加充分地實現了。

在德里，我聽聞一位名叫漢斯巴巴（Hans Baba）的聖者，他的唱誦能帶人進入超越感官的境界、帶來非凡的內在體驗，也因此而聞名。

我從沃林達文（Vrindavan）行至德里，又從德里返回沃林達文，去那裡和漢斯巴巴共度了一個星期左右。沒有人知道漢斯巴巴下一秒會在哪裡，他總是跟隨當下的心情隨緣而行，因此我不得不四處打聽，直到打聽到他在哪裡，再趕緊前往那裡。

有一天，我和漢斯巴巴在一起時，他的弟子告訴我今天是一個神聖的節日，漢斯巴巴會給來自印度各地的修行者布施食物和衣服。他說：「你應該來參加這場慶典，珍妮特，這樣的盛況並不多見。」

沒多久，逾兩千名身著橙白相間印度傳統服裝的修行者，就擠滿了漢斯巴巴的寺院。漢斯巴巴一一給每個人發放一袋食物、一個裝著印度盧比的信封和一條羊毛披肩，這些都是漢斯巴巴送給大家的禮物。

慶典結束以後，漢斯巴巴回到了主殿，再一次開啟了他的天籟之音。隨著他不斷將音調加高，信眾們隨之起舞，沉浸在一片喜悅當中。後來我問起一位信眾，為什麼人們會被漢斯巴巴所吸引？她只回答了我一個詞：「至喜。」

這也是我所體驗到的！

大愛無疆

我和朋友馬丁一路向南，去尋訪一位人們所說的「擁抱聖者」，她在世界各地以其擁抱聞名。她的全名是瑪妲・阿穆瑞達南達瑪依・蒂薇（Mata Amritanandamayi Devi），人們親切地稱她為「阿瑪」或「擁抱阿瑪」。她有這樣的美名，是因為她會給予每一個來見她的人擁抱，她曾經連續二十四小時不間斷地送出擁抱，把愛傳遞給了數千人。

我們到達阿瑪的寺廟之後，很快就被領到樓上去見這位非凡的女性。阿瑪的存在很不可思議，她的影響力遍布世界，她的非營利組織所募集的捐款現在被用於世界許多地方，建立醫院、孤兒院，以及提供各式各樣的慈善設施。

二〇〇四年，南印度和斯里蘭卡遭遇海嘯後，阿瑪承諾投入了兩千三百萬美元為災區人民重建家園；後來她又投入了一百萬美元，支持美國卡崔娜颶風的受災者援助工作。

阿瑪的寺廟有數千名信眾，她以愛、堅定與戒律來管理這片土地。待在她身邊的時候，我感覺到被一種神聖的能量包圍，那種感覺難以描述。與她共處期間，我有幸拍到了阿瑪餵食她的兩隻寵物象的場景，她開懷大笑，和大象一起玩耍，她用嘴巴咬著餅乾，大象則溫柔地用長鼻從她那裡取過去。

阿瑪的愛看起來那麼無邊無際，對她來說沒有任何一個生命比她低等。很多時候她都親身表率，做著維護寺廟的清潔工作，或是一些粗活。她是一位身正為範、身體力行的榜樣，也是愛的化身。

聽說現在和阿瑪共度時光已是非常罕見的機會了，能夠在她的寺廟裡和她共度一週，在她身邊觀察她的一言一行，我感到無比的幸運。

賓至如歸

我繼續啟程，前往邁索爾（Mysore），在一座富麗堂皇的印度山谷阿育吠陀中心待了一個星期，之後，我與一位和漢斯巴巴看起來迥然相異的聖人共度了一週美好時光。

就在我寫下這些文字的時候，克里希納莫爾蒂．斯瓦米（Swami Krishnamurthy）本人正在我家，他已經在這裡待了兩個月時間。我第一次見到他是在他位於邦加羅爾（Bangalore）郊外、面積總共一百五十英畝的有機芒果農場裡。

斯瓦米的大腦彷彿智慧之泉，如果你向他拋出一個問題，得到的往往是與之相關的整個生命層面的答案，彷彿沒有什麼領域是他未曾深度理解的。

當他向我描述圓滿的本質、存在的經驗、觸碰源頭的意義、生命的目的，以及我們西方人稱為「人生」、而他稱為「轉瞬即逝的存在」的東西時，我坐在那裡一連幾個小時沉浸其中，聽得入迷。

斯瓦米在開示完以後，帶我走出去看了看他的牛、參觀他的芒果園、採摘葡萄，盡情享受這片土地的美麗風景。

在印度有一種古老的傳統，人們說款待賓客要如款待神明一般。在斯瓦米家中，我真的感受到了這種賓至如歸的感覺，他的家人給予我無微不至的關懷和愛，所有需求都獲得了滿足，他們盡己所能地提供最周到的安排，這真是一次難能可貴的美好體驗。

正中靶心

在我完成了斯瓦米的精彩拍攝以後，我啟程飛往喜馬拉雅山的聖城瑞詩凱詩（Rishikesh）。我去那裡是為了拜訪老朋友——奇達南德·薩拉瓦蒂·斯瓦米（Swami Chidanand Saraswati），人們親切地稱他為普甲·斯瓦米吉，普甲·斯瓦米吉在整個亞洲有數百萬信眾，著作等身。每晚在他恆河岸邊的廟宇裡，都吸引了數千名信眾聚集。河岸邊有一尊巨大的濕婆神像，人們在恆河邊的寺廟裡唱誦、舉行各式各樣的古老吠陀儀式。

我一路向前，去到位於喜馬拉雅山深處的烏德爾加希（Uttarkashi），這裡被稱為「聖者之谷」，有許多隱士選擇在這裡閉關修行。我正坐在鎮子裡的旅館中，突然有一種身處大師身邊的感覺，所以我趕緊環顧四周，只見有三個印度人坐在角落裡。

我走上前詢問：「你們是不是有人是古魯*？」當然你只能在喜馬拉雅深山裡、空氣這麼稀薄的地方對陌生人這樣提問，其實在這種環境下此類提問反而十分自然。

這三個人中有一位顯露出了怒氣，有一位神情泰然，另一位則回答說：「女士，您真是正中靶心啊！這位就是享譽印度的『飛行巴巴』（指的是神情泰然的那位男士）。」

我後來得知，「飛行巴巴」在整個印度都非常有名，有人曾拍攝他潛入水池中整整五天不浮出水面的神奇能力。我詢問可不可以採訪他，「飛行巴巴」微笑應答：「當然，如果這對世界有用的話，何樂而不為呢？」

接下來好幾天的時間裡，我都與「飛行巴巴」在一起。他邀請我和他還有他的弟子一起前往格木克（Gomukh），那裡是印度聖河恆河之源，坐落在喜馬拉雅高山深處的冰川之間。

焉知非福

儘管對前路一無所知，我還是即刻接受了邀請。就在快要啟程前，「飛行巴巴」忽然決定他不去了，他問我是否願意一起留在根戈德里（Gangotri）。但在這個節骨眼，我已經對格木克心馳神往，什麼都無法使我回頭了，即便是和「飛行巴巴」共度更多美好時光也不例外。他提醒我：「旅途可能會相當崎嶇。」片刻後，他又再一次關切地詢問：「你確定真的要上山嗎？」

「當然！」我信心滿滿地回答，「我平時有在練瑜伽呢！」

在我的腦海裡，七小時喜馬拉雅高山之旅和做瑜伽沒什麼兩樣。我完全忽略了我只穿著薄薄的旁遮普布衣†。聞名遐邇的朝聖之地已經占據了我的思緒，無可抗拒。

我迅速借來一件棉夾克，買了一頂羊毛帽、幾雙襪子和一雙輕便的運動鞋，就與「飛行巴巴」的一群日本信眾一同啟程。

---

* guru，印度宗教文化中對精神導師的稱謂，具有高深智慧和神聖地位的人。

† 一種印度棉布連衣裙，裡面配有一條棉長褲。

此時此刻，眼前的七小時徒步旅行對我來說，就是在這樣陽光燦爛的情況下輕鬆的散步之旅。然而，這才不是什麼七小時的散步而已，這是要去往高海拔的山上，半數時光都在攀爬岩石砂礫的苦行之旅。

離開根戈德里之際，陽光燦爛，萬里無雲。「真是小菜一碟呀！」我心想。

我穿著我的白色棉布衫、蹬著我的白色小跑鞋，經過「飛行巴巴」的日本信眾身邊。我聽見人群竊竊發笑，他們目光驚訝地看著我。等著瞧吧，哼，我要讓你們看看我這個好萊塢女孩的厲害！

行進兩小時之後，天空突然開始下起雪，我的身體開始瑟瑟發抖。只要一直往前，尚能忍受，可當隊伍停下來休息的時候，我開始忍不住渾身發顫，頭開始隱隱作痛，胃部也開始絞痛。最糟糕的是，我變得異常情緒化，邊走邊忍不住哭起來。

臨近格木克之際，我們停在一個當地政府提供的野營帳篷區，我們需要在這裡留宿一夜。其他朝聖隊伍的人得知了我的情況，當我癱倒在帳篷裡的帆布床上沒多久後，一位來自亞美達巴德的醫生神奇地出現，他告訴我這只是高山症，無需擔心，並在臨走前給我留下了幾顆藥丸，叮囑我吃藥。

過了一會兒，一位自然療法醫師也來了，給我開了一些藥方。接著一位印度苦行僧（托缽婆羅門僧人）來到我的帳篷裡，給了我一片羅勒葉，告訴我緩慢地咀嚼可以釋放它的藥物特性。緊接著一位和善的女士登門而至，送給我一條她自己的全新牛仔褲，讓我保暖。又有人送來了一雙暖和的羊毛手套和襪子。就這樣，不一會兒，我已經被裹得嚴嚴實實了。在遠離家鄉的千里之外、這片陌生的土地上，受到這樣的關懷與照顧，令我久久感動。

這也是非常寶貴的一課。在追尋熱愛的路上，你會收到意想不到的種種支持與幫助。而你要做的便是盡己所能，然後敞開心扉地接受幫助，那些意想不到的幫助正是天命旅途中的禮物。

要保持清醒，有時美好的事物會以不幸的經歷裝扮而來，就像我的高山症那樣。但這份不舒服讓我學到了很多，當我敞開心扉，我也發現這件不舒服的事情帶來了美好的禮物。

儘管已經層層包裹，但那晚的高山營地仍是寒氣逼人，我不得不命令我的同行夥伴塔帕什（Tapash）——一位來自瑞詩凱詩的冥想老師、終身獨身主義者，擠到我的睡袋裡來，可不是為了什麼男女之樂，而全只為了保暖！

事實上我沒來得及給他太多選擇權，我是這樣威脅他的：「塔帕什，你要是再不擠到我的睡袋裡來，我今晚絕對要凍死在這裡了，你必須幫幫我！」沒有他，我無法想像那天晚上我如何熬過難關。

第二天早晨，太陽再次照耀高山之巔，我也感覺脫胎換骨！（沒想到這麼快吧！）我們一行人踏上了通往恆河之源的最後一程，我的心中滿是敬畏。只見巍峨高山蒼涼地直聳雲端，訴說著它與生俱來的威嚴，默默無言地安住於天地間。置身其中，彷彿身處另外一個世界，塵世的喧囂早已不再，唯有荒涼的美景叩問朝聖者的心。

抵達格木克以後，我像其他的朝聖者一樣，步入冰冷刺骨的恆河水裡接受洗禮。這裡是恆河的源頭，清澈的河水從巨型冰川中奔騰而出。精通憋氣之道的塔帕什潛入水裡，足足五分鐘之久，若不是我叫他出來，他仍可以憋氣更長時間。我無法做到像他那樣，只能勉強用這無上神聖、「凍」徹心扉的河水沾溼衣裳，這就算是洗禮過了吧！

這段時期，我印象最深刻的是逐漸由內心深處浮現的情感。聖地的精微能量也在潛移默化地影響著我，淚水時常莫名浸溼我的眼眶。真希望我可以準確地描述出那種感受，然而生命中有些時刻是無法用言語來表達的。想要理解個中滋味，或許下一次你可以與我一起同行！（相信你也和我一樣期待！）

就在我努力攀過岩石，想找到一個更好的位置俯瞰恆河源頭的時候，突然間，一失足，我發現自己跌下了山崖，從那些巨大的岩石上翻滾下去，最終落在離咆哮的河水僅一英尺遠的地方。若不是停在這裡，恐怕現在這本書也不會與你見面了，那的確是一次命懸一線的經歷。

懷著戀戀不捨的心情，我不得不離開這座如同巨型教堂般宏偉的高山。一頭驢子將我載往營地，為了感激牠，我餵牠吃了一些乾糧，然而就在我繞到牠身旁時，牠猛地一腳瀟灑踹踢，把我重擊在地，讓我眼冒金星。萬幸的是，沒有給我帶來嚴重的損傷！

無法言喻的美麗

我返回烏德爾加希，在一間美麗的小旅館裡靜養數日。那段日子殊勝極了，每一天我都待在恆河岸邊。群山環繞，每一座都鬱鬱蔥蔥，抬頭即見清澈高遠的藍天。我有了充足的時間深度冥想，並開始理解為什麼那麼多的聖者都願意選擇喜馬拉雅山做為修行之地。在這裡，與神性連接真的毫不費力。

在我沿著喜馬拉雅山徒步的時候，聽聞一位來自英國的尊者住在這裡的一間河邊小木屋裡。聽到人們講述她的純淨，我下定決心要去找她。這位尊者名為納妮瑪（Nani Ma），在印度居住逾三十年了。她在喜馬拉雅深處的格木克——也就是我拜訪過的那個聖地——居住過幾個月，每天三次用恆河水淨化自己的心靈。

在我的誠心拜託下，她終於同意接受我的採訪。其實那時我並不確定這樣的採訪是否會為人們所接受，因為納妮瑪並非一個世俗意義上的美麗之人，孩童時期的一場車禍使她的一隻眼睛比另一隻高出了半英寸，她多年未看牙醫了，你或許會覺得她的牙齒亟需修整，她的頭髮亦非常稀疏。

然而，她一開口，我就理解了什麼是真正的美麗，這位非凡女士的話語中流露出了深刻的洞見和深沉的愛意。在我眼中，她如女神般美麗。淚水不知不覺沾溼了我的臉龐，有一些時刻，我甚至無法舉起攝影機，我從未見過如此深深觸動我心靈的人。

我流著淚說：「納妮瑪，真的非常感謝您，您讓我理解了什麼是真正的美麗。」

我也更加理解為什麼與聖者共度時光對我來說是那麼重要的一項熱情。我眼前的這位女士與我見過的任何人都不一樣，她對生命有著深刻的理解，她的言語那麼簡單、卻又那麼啟迪人心，她就是愛的化身。

如今，在這個世界上已經很少有人記得納妮瑪的存在了，但是在我心中毫無疑問的是，她靜水流深的內在對世界所產生的影響，與阿瑪姬、普甲·斯瓦米等人引領的廣泛行動一樣深刻有力。

奇蹟自然而然接踵而至

我返程準備回瑞詩凱詩，途中去拜訪了我的好朋友德薇・瓦納瑪麗（Devi Vanamali），她是一位美麗的尊者，和納妮瑪一樣有著深刻美麗的內在智慧。德薇・瓦納瑪麗熱忱地歡迎了我，在聆聽她非凡智慧和洞見的那幾個小時裡，我的內心得到一番洗禮。就在我準備離開的那天早晨，她向我提議，我必須去見見一位名叫斯里・蘇尼爾・達斯（Sri Sunil Das）的神奇療癒師。

五年多前，斯里・蘇尼爾・達斯被診斷為癌症晚期，他的疾病後來被南印度受人敬仰的一位尊者賽巴巴（Sai Baba）所治癒。蘇尼爾・達斯痊癒以後，也開始擁有了療癒他人的能力，並從那時起一直運用他的天賦能力。

瓦納瑪麗告訴我，蘇尼爾每天會給五千多名當地居民提供食物，每天平均治癒超過三十五個漢生病家庭，印度各地的許多領袖人物都會來到他樸素的家中尋醫。

如果是以前聽聞這些事，我肯定會深受震撼，但此刻的我已經人在印度三個多月了，對這種神奇的事情已經習以為常。何況蘇尼爾住在印度西南部的喀拉拉邦（Kerala），離喜馬拉雅山區的瓦納瑪麗家非常遠，我不願意跑那麼遠去拜訪他。我回到了瑞詩凱詩，準備次日飛回德里。

第二天，我在吃早餐的時候，瓦納瑪麗的侄子默罕前來和我道別。

「我給你捎來了一則來自斯里．蘇尼爾．達斯的訊息！」他興奮不已地告訴我。

「斯里什麼？」我問。

「斯里．蘇尼爾．達斯！瓦納瑪麗昨天提過的那位療癒師呀！」

「哦。」我無動於衷地回應，嘴巴裡繼續咀嚼著烤麵包，眼睛依然留戀著窗外美麗的恆河風景。

「他要我轉告你一件事。」默罕又重複了一遍。

「嗯。」我隨聲附和，一邊往我的第六片烤麵包上塗抹奶油。

「他說，你曾經深受三位來自喜馬拉雅文明的大師影響。」這次他終於吸引了一些我的注意力。

「分別是瑪赫西、尤迦南達和巴巴吉！」默罕幾乎是大聲叫出他們的名字。

而在聽到這三個名字的那一瞬間，我驚訝得丟掉了手中的麵包。

「你說誰？」我難以置信地問。

「瑪赫西、尤迦南達和巴巴吉呀！」默罕再次重申，並且面帶微笑。

我的心跳彷彿休止了半拍。瑜伽行者瑪哈禮希．瑪赫西是我跟隨學習了三十六年的老師，帕拉宏撒．尤迦南達（Paramahansa Yogananda）是我認識的第一位印度尊者，我從尤迦南達的《一個瑜伽行者的自傳》（*Autobiography of a Yogi*）書中了解巴巴吉，他一直是我心目中尊敬的老師。

「我們可以現在就打電話給蘇尼爾．達斯嗎？」我問他。

「當然！」默罕說罷便拿過我的手機，撥通了電話，然後將手機遞給我。

「你好！」

「你好！」電話那頭傳來一個聲音，「你會來嗎？」

當我聽到這個聲音時，我已經感覺到別無選擇了，我說：「好，我會去的。」幾天後，我就抵達了蘇尼爾位於喀拉拉邦城郊的家中，受到了他的盛情款待。

蘇尼爾．達斯四十出頭，他非常樸實，而且幽默風趣，這些看起來非常「正常」的個性反倒令我十分吃驚。但為患者治病的時候，他又是那麼的謙卑、平易近人，給人們的生活帶來了深刻的影響，這一點毋庸置疑。

我親眼目睹每天上千名村民從四面八方趕到蘇尼爾家中接受他的布施，我也親自拍下了一些長年飽受漢生病折磨的病人因病受難的面容、甚至開始變形的身體，有的人已經患病四十多年了，但來到這裡以後他們得到了很好的治療，帶著欣慰的笑容離開。

在那裡的許多日子，我見證了很多從印度各地來尋醫、受著大大小小病痛折磨的人，在這裡接受蘇尼爾的祈禱加持、祝福與治療，而他本人堅稱，治療的奇蹟全來自於神的恩典。

由於目睹太多奇蹟，我無法再相信這些奇蹟只是憑空編造。然而，這還不是讓蘇尼爾如此特別的原因，真正令人致敬的是他內在深深的奉獻精神。每一天他都致力於以恩典之名去服務大眾，患者獲得的每一次治療他都歸功於神的力量。他收到的錢不為己所用，他把所有的錢都捐給專門的公益基金，這個基金由印度前總統經營，給予他充分支持。蘇尼爾讓我看到用生命去服務是什麼樣子，親眼見證他的日常奉獻之舉，也給了我深刻的啟迪。

在蘇尼爾家中逗留數日之後，我收到了好朋友傑克・坎菲爾要來孟買的消息。我即刻想到：「那我可以做些什麼讓他的印度之旅格外特別呢？」

我隨即做了一些安排，然後飛去孟買迎接傑克的到來。我和他一起抵達飯店時，才發現他的行李還沒有成功運達，於是我立刻帶著傑克去享受我最喜歡的活動之一——購物！我們花了好幾個小時置辦行頭。

我們也巧遇良機，普甲・斯瓦米和巴加瓦蒂・薩拉斯瓦蒂尊者（Sadhvi Bhagawati Saraswati）那時也剛好在孟買。我的好朋友、知名女演員凱薩琳・奧森伯格（Catherine

Oxenberg）和她的演員丈夫卡斯帕・範・迪恩（Casper van Dien）也剛好在孟買旅行。就在傑克要演講的第一天晚上，我邀請了這些朋友，還有潘卡和斯米達・納拉姆共進晚餐。

真是一次奇妙的多元聚會啊！想像一下這個神奇的組合：兩名印度聖者、一位世界暢銷書作家、兩位世界知名阿育吠陀醫師和兩位知名電影演員。大家共度了難忘的時光。

之後的幾天裡，我和凱薩琳還有卡斯帕一起在他們孟買的飯店多住了幾日。非常湊巧的是，那段時間蘇尼爾也受其弟子邀請來到孟買，我很高興能夠再次與他相見。在他離開孟買那天，我一路送他到機場。就在這時，我接到了一位印度朋友的電話，這位朋友在孟買非常受人尊敬，因為她是二十五家教育機構的董事會成員。我引薦她和蘇尼爾認識，她說，她多年的摯友此刻正在醫院裡，情況不容樂觀，看起來時日不多了。她非常難過，詢問蘇尼爾可不可以去幫助她的朋友。

我告訴她：「瑪雅，真的很抱歉。蘇尼爾・達斯剛接到喀拉拉邦王室的電話，他們需要他現在趕回去。」

我遺憾地掛上電話，這時我聽見蘇尼爾・達斯說：「珍妮特，你去！」

「啊，什……什麼？」我驚訝到口吃。

「你去！」他言簡意賅地說。

「蘇尼爾，我能做什麼呢？我不是療癒師啊！」我說。

話音剛落，蘇尼爾好像憑空變出了一些用於治療的聖灰，對我說：「你必須立刻就去，一刻也不要耽擱，馬上就去。」他接著說明，要把這些聖灰放入那位臨終女士的嘴巴裡。

收到指令後，我立即出發。途中好幾次路過我當天本來要去逛的一些最棒的商店，我的確有停下來的衝動，但是蘇尼爾明確地告訴過我，一刻也不要耽擱，所以我馬不停蹄地趕到了醫院。

就在我走進病房時，我驚訝地看到一位熟識的印度朋友正坐在那位臨終女士的旁邊，她的頭靠在病人的腹部上。當她抬起頭看見我時，也驚訝地叫道：「珍妮特，你怎麼來了！真幸運你能來陪我，我的母親病危了。」

說話的人是普麗瑪拉（Premala），也是我的一位印度好友，臨終者竟然是普麗瑪拉的母親（來之前我並不知道這一點）。我握住普麗瑪拉的手，然後按照蘇尼爾的指示將聖灰放進她母親的口中，為她唱起濕婆神咒——一首在人們生病、臨終或需要保護的時候可為其唱誦的古老梵咒。就在幾分鐘以後，普麗瑪拉的母親做了三次深長的呼吸，安詳地離世了。

我感覺到房間裡有一道美麗的光束傾瀉進來。於是我對著正在痛哭的普麗瑪拉說：「普麗瑪拉，你能感受到你的母親此刻有多幸福嗎？」聽我這麼說，普麗瑪拉停止了哭泣。「你能感受到這個房間裡的能量現在有多輕盈嗎，普麗瑪拉？」我輕聲問她。

「我能，」她說著，驚訝地睜大了眼睛，「我能！」她又說了一次，然後開始又哭又笑起來。

普麗瑪拉後來告訴我，那次經歷給她的生活帶來了近乎救贖的力量。我帶著蘇尼爾給的聖灰來到病房以後，她感受到母親真的接收到了加持。她的母親從原來沉重的悲傷感中解脫了，離開時很安詳。

類似這樣的事情讓我對蘇尼爾的敬畏之心又加深了一層，感謝蘇尼爾讓我片刻也不要停留地趕往醫院，我想在那一刻，他一定感知到了病人離世的時間將近，他的幫助也帶給我們意義深遠的結果。

當熱愛逐漸靠近

此時此刻，我已經從印度返回溫暖的家中數月。我在印度和尼泊爾遇見了一些我所見過最神奇溫暖的人。自那以後，我與覺醒聖者們共度美好時光的熱情仍在一次又一次實現著。

回家以後，我與這些聖者朋友們仍保持往來。就在我回到家幾週之後，哈里普拉薩達・斯瓦米來到我家，我曾在印度與八萬人一起參加他的生日慶祝會。幾天之後，他的五位女弟子也來我家裡住了幾天，給我家帶來了歡聲笑語。又過了不久，我敬愛的巴普吉也再度到來，停留了數日。而克里希納莫爾蒂・斯瓦米也來我家住了兩個月，我曾在他家受到那麼友善的款待，現在我也有機會款待他了。

對我來說，生活變成一連串的奇蹟。在我的另一本書《聖者箴言》裡，我會更詳細地分享這趟奇妙的旅程，但希望在這裡的略述也能讓你有所了解，為什麼我稱之為生命中最棒的經歷之一。

一路跋涉至恆河源頭，發現大火亦是生命的賜福，親睹蘇尼爾奇蹟般的療癒，聆聽克里希納莫爾蒂・斯瓦米深刻的教誨，這些經歷於我而言是美妙而神奇的。親臨智者身邊——阿瑪奇、巴普吉、漢斯巴巴、哈里普拉薩達・斯瓦米、納尼瑪、德薇・瓦納瑪麗等所有這些我有幸遇見的智者們——感受他們的臨在散發出的慈悲之愛，也給我留下了深刻的記憶。還有這趟旅程裡遇到的大大小小神奇有趣的活動，不勝枚舉，是這一切讓這趟旅途變成我生命中的轉捩點。

我還從這次旅程中體會到，**當你允許自己百分百投入自己所熱愛的事情時，可能會獲得**

許多意想不到的美好；我了解到我所需要的金錢總是會適時地來到身邊；我也學到了放掉自認為熱情必須以何種途徑實現的執念，對生命本身的道路保持開放的心態是多麼重要；我更理解了一旦你感受到內心的熱情火焰，途中的困難挑戰就會變得微不足道。有了那份深刻的火焰，什麼也無法阻擋你向前。

或許，最珍貴的，是我再一次相信了生命的善意。每當我願意放開執念，向生命本身敞開、允許生命道路自然開展的時候，我總會發現，生命變成了一場非凡的冒險，帶給我無限的滿足。

熱愛具有改變人生的力量

克里斯問：「這趟旅行如何？」

珍妮特回答：「這絕對是我有生以來最棒、最神奇的經歷！」

那麼，你生命中最神奇、最棒的經歷又會是什麼樣子呢？到目前為止，我們希望你已經理解了，你擁有勾勒那份經歷的神奇力量。

每時每刻，你都在創造著你的生活和你的世界，想看看你擁有多麼強大的力量嗎？看看你的生活就能略知一二！你今天的生活正是你迄今為止所持有的最主要信念的真實寫照，如果你想要生活有所改變，必先改變頭腦中的信念，這麼做並不需要花太久的時間。

現在你決定把注意力聚焦在哪裡呢？從珍妮特的故事裡你又學到了什麼？以下是我們希望你了解的：

1. 生命展開的方式不會和你預期的一樣。
2. 先清楚你想要的是「什麼」，至於「怎麼」做，它會隨之出現。
3. 你真正的挑戰在於保持開放的心態，放掉你認為生活應該是什麼樣子的執念，擁抱它本然的樣子。
4. 如果在你身上發生了別人覺得不舒服、不適應、毫無吸引力的事，你卻渾然不覺困擾，反而因為內心的熱情之火感到動力十足，那表明你正走在你的熱情大道上。
5. 有些事件或情境起初乍看不幸（就像珍妮特的繼母去世、她在喜馬拉雅山經歷的高山症那樣），請準備好去發現為你而來的禍中之福，學會去看見你的幸運之處。
6. 走上屬於自己的熱愛之路需要勇氣，因此在尋夢的路上請讓自己與支持你的人相伴，不要花時間與企圖摧毀你夢想的人為伍。

7. 熱愛是一趟旅途，而非目的地。每一天，請遵循你的熱愛去做出選擇，很快你就會發現自己開始活在充滿熱情的生活中了。

8. 當你愛上過程本身時，美好的結果也將悄然而至。

9. 生命是值得享受的，生命的目的在於不斷擴展的喜悅，如果它看起來不像是這樣，你便偏離了自己的天命軌道。看看你的生活，問問自己：「為了能夠選擇我的熱愛，我需要做出哪些改變？」

熱愛具有轉變人生的力量，當你發現內心最深處的熱情時，你便與自己的真實本質相連了。當你過著與熱愛一致的生活，你的人生使命就會自然而然、毫不費力地展開。這時，生命於你而言就成了不斷擴展的喜悅、幸福和圓滿的境地。雖然你依然會和所有人一樣，不可避免地經歷人生中的種種不適和困難挑戰。但不同的是，在熱愛的道路上，這一切都將變得無足輕重，什麼也無法將你的幸福阻擋。

在前面的章節裡，我們與你分享了許多工具，來幫助你越來越清楚你的熱情是什麼，什麼於你而言是最有意義的事物。我們想充分向你說明：「**清晰**」**是創造夢想人生的關鍵**。現在你已將這些工具收入囊中，我們接下來會和你分享一些來自全世界活出熱愛的智者們的經驗、智慧與箴言。對於獲得智慧，班傑明・富蘭克林（Benjamin Franklin）是這麼說的：

> 有兩種方式可以讓人習得智慧：一種是靠親身體驗；一種是靠借鑑他人經驗。
>
> 透過親身體驗去學習，需要你付出全額代價，付出時間和金錢；透過借鑑他人的經驗，你可以找到那些已經為其付過學費的人，從他們那兒獲取智慧。

借鑑前人智慧會減少你走彎路的時間，在命運的旅途中更順利地前行。在Part2，我們會向你介紹一些關鍵的方法和工具，帶你踏上通往人生使命的宇宙高速公路。

我們也會與你分享我們對當今世界上一些卓越成功人士的採訪，讓你能夠借鑑他們活出熱愛人生的經驗。每道上好的菜品都需要上乘的調味品，因此我們將佐以本書的下一個篇章——為你講述那些已將熱愛融入生活之人的故事，以及他們取得了怎樣的成果。

PART 2

踏上通往
理想生活的捷徑

第8章

用承諾與專注來成就人生

「愛與智慧相結合，才能形成吸引力法則無可阻擋的力量。」

——查理斯·哈尼爾（Charles Haanel），

美國作家、哲學家和商人

還記得我們的朋友比爾・萊瓦希所分享的，為了創造出真正想過的人生，你可以使用的那個公式嗎？

> **設定意圖、保持專注、放鬆臣服。**

是的，經由弄明白自己到底熱愛什麼，你已經完成了「設定意圖」這個部分。你做出了承諾，要去過與自己的熱情相校準的人生；也創作出了一幅清晰的藍圖，看見了自己的熱情人生是什麼樣子；事實上，你甚至站在百歲生日的角度回望了你的一生，那真的是很棒的一生吧？（有沒有看到，我們對你目前所做的這一切多麼充滿信心？）

本書 Part1 的內容都是為了讓你清楚自己的意圖：你到底想在生命中創造些什麼？

接下來的第二步是什麼？保持專注。

近年來，大量的文章和討論都提及了「吸引力法則」，尤其是《祕密》影片和書籍的出版讓其備受關注。《祕密》這本書的主題就是「保持專注」。書中的主要觀點是，你會把自己專注的事物吸引到你的生命中。當你將注意力放在那些能給你帶來幸福、喜悅、內心滿足的事物上時，你也將得到更多與之相應的東西；而如果你把注意力放在出錯的那些事情上，或者令你不滿意的種種原因上，你只會獲得更多的不滿。

我們詢問了珍妮特在印度所遇到的一些智者，他們是如何理解吸引力法則，他們的回答令人驚訝，發人深省。稍後我們會與你分享其中一些智慧，但是首先，克里斯想在此與你分享我們是如何初識《祕密》的。

《祕密》的祕密：吸引力法則和熱愛之事

克里斯：還記得那是二〇〇五年六月二十七日，當時珍妮特正在印度旅行，我收到我們的雜誌《健康、富足與智慧》一位訂閱者的電話語音留言，來電者名叫朗達・拜恩（Rhonda Byrne）。聽到這個名字我感覺似曾相識，後來我才想起，她報名參加過我們的「聯盟祕密」課程。在那個課程中，我們主要教授如何打造「啟迪聯盟式的夥伴關係」。

三年後，全球已經有數百萬人熟知朗達・拜恩這個名字了，她因創作了《祕密》影片和同名書籍而家喻戶曉。不過在我們與她初識期間，她和大多數人一樣不為大眾所知。那時，她剛剛度過了生命裡非常艱難的一段時光，她心懷夢想，富有才華，對夢想充滿激情，並且已經付諸了一些積極行動。

我找到了當時在雜誌社的合作夥伴里克和里茲（Ric and Liz Thompson），來討論此事。果不其然，朗達也聯繫了他們，而我們一致認為，朗達是值得我們合作的案子，於是我回撥了電話。

「克里斯，收到你的電話太開心了！我很愛熱情測試！事實上我已經讓我的每個員工都做了一遍熱情測試，它對我們來說意義非凡。」電話那頭傳來了一個熱情洋溢、友好愉快的聲音，你很難不被這股熱情所吸引。朗達興奮地與我分享了她是怎麼運用「祕密」來創作《祕密》的。

她告訴我，她先是製作了一系列的預告片，寄送給澳洲最大的幾家電視廣播公司裡的高級主管。朗達邀請他們飛到自己所在的城市，來她的工作室試聽《發現祕密》音檔，他們竟然全部如期而至——這在朗達所在的行業是前所未聞的。澳洲九號電台，也是全澳洲最大的電視網最終贏得了競標，答應播出《祕密》這部影片。此刻，朗達本人剛剛飛到美國，即將開始她的拍攝任務。

我和朗達交流了一番，內心對她熱切想要傳遞的資訊也有著深深的共鳴，於是我決定打電話給遠在印度的珍妮特，然後再回訊給朗達。我和珍妮特商量以後，我倆都決定要盡全力支持朗達的專案。她的願力不可思議，而她營造神祕感和興奮感的能力也令人驚奇。

她當前的核心需求就是能夠找到並採訪一些權威導師，這些導師需要能夠理解她在影片中所傳遞的法則。我們告訴她，我們的合作夥伴里克和里茲可以協助她處理一些技術層面的問題，例如構建網站等，她非常開心。

就這樣，珍妮特在電話那頭（與美國相隔十二個時區的印度）與我一同梳理了朗達可以採訪的導師名單，其中很多人都是我們在《健康、富足與智慧》雜誌的熱情專欄裡採訪過的導師。

兩個月以後，我們邀請到了三十六位導師接受朗達．拜恩團隊的專訪（整部《祕密》影片總共有五十二位導師受訪）。三年過去了，《祕密》一書的印刷量已經超過了三百七十五萬冊，有兩百多萬人購買了《祕密》DVD或觀看了線上影片。朗達的願景成真了，她的確深諳自己的作品中所傳達的專注之道。

朗達的專注力造就了《祕密》的成功。她持續不斷、堅持不懈地對自己真正渴望創造的事物投入關注。即使無可避免的挑戰來臨，她也不會在困難面前多作停留。她運用「祕密」來創作《祕密》，**她不斷將注意力放在自己真正熱愛的事情上，放在真正能夠給她帶來喜悅的事情上。**

《祕密》的基本法則便是我們與你一再分享的這項法則：「你所關注之處，在你的生命中必將變強。」

當你已經獲得了許多啟發，開始關注那些內心與之共鳴的想法、概念和準則，留意到那些能夠幫助你提升生命品質的理念時，請將它們付諸實踐，親身體驗，在自身經歷中去獲得成長。每當你聽到有人對你心愛之人或心愛之物橫加批評、嚴厲指責或吹毛求疵的時候，你永遠都有選擇權。你可以把注意力聚焦在他們錯得有多離譜、說得有多傷人，你也可以問自己：我怎麼運用這些資訊來讓自己更加清楚自己的熱愛所在？這個情境裡隱藏著什麼樣的禮物？

運用專注力去吸引你真正想在生命裡擁有的狀態，還可以給你的人際關係帶來寶貴且實際的改變，尤其在與你深愛之人的關係上更是如此。來聽聽珍妮特講述的這段故事吧！

每份經歷都會帶來助益

珍妮特：有一天，我的好朋友喬迪帶著苦惱的表情來到我的身邊，她與未婚夫彼得還有幾個月就要結婚了。

喬迪向我傾訴：「彼得完全不知道怎麼管理錢，我真的很擔心如果我把辛辛苦苦積攢的錢投入我們的家庭帳戶，會不會很快就花得精光，一想到這一點我就坐立難安。」

她繼續說：「他花錢很衝動，不管是什麼東西，只要他想買，絲毫也不會考慮是否必要。在每個月的帳單日，他經常無法按期還款。」喬迪的眼眶溼潤了，「我真的很愛他，我只是不知道這樣下去，今後我們該怎麼生活。」

雖然彼得也是我的好朋友，但看到喬迪這麼痛苦，我真的很揪心。我最不想做的事情就是介入他們的私事，所以做為好朋友，我想我最好只是認真地聆聽她的傾訴。大約半個小時以後，喬迪說能夠有人傾聽她說，她感覺好多了，並且很高興我沒有急於給她建議。

「珍妮特，謝謝你今天陪我，我想回家好好想想，」她說，「其實我知道，如果我深入內在去尋求指引，會有好方法的。事情總是如此。」

大約三個月以後，喬迪打電話給我了，她非常興奮地告訴我她有好消息要和我分享。等到我們見面時，我感覺喬迪彷彿渾身都在發光，整個人煥然一新。

「是什麼好消息？」我問道，看到她燦爛的笑容真讓人開心。

「彼得在金錢方面簡直發生了一百八十度大轉變！」

「哇，喬迪，這太棒了！他是怎麼在這麼短時間內發生變化的呢？」我好奇地問。

「嗯，我一直在想，我怎麼才能在金錢方面給彼得支持，又不會讓他覺得我是在批評他呢？終於靈感來了。我決定不要步上彼得前妻的後塵，終日嘮叨他亂花錢的事，我要完全反其道而行。我一定要找到可以讓我真心稱讚他多麼聰慧地處理財務的時刻！」

「所以，每當他合理負責地處理財務時，我都會刻意小題大做一番，告訴他能和他這樣一個有擔當、把我照顧得這麼好的男人在一起多麼幸福！一開始他也不怎麼相信，不過我堅持這樣一次又一次真誠地欣賞他。慢慢地我發現，每當我這麼說的時候，彼得的臉都會亮起來。我向你保證，珍妮特，他真的每一次都在進步一點點。」

「這真是太不可思議了，喬迪，真的太棒了！我可以問你一個問題嗎？」

「當然！」喬迪說。

「那在他搞砸的時候怎麼辦呢？我的意思是說，他不可能一夜之間改頭換面吧？總有那麼一些重蹈覆轍的時候，你是怎麼處理的呢？」我真的很好奇，迫不及待想要得到答案。

喬迪鄭重地看著我，認真地說：「那時我就會閉嘴，即便有時很不容易，我也堅決不發一言，我就只是閉嘴。」

「我不得不說，閉口不言對我來說幾乎是一件最難的事情。的確有那麼一些時候，看到他那麼粗心、不謹慎用錢，我覺得我再不說幾句就快憋瘋了。過去我一定會嘮叨他的，但現在每當我忍住不去抱怨的時候，最終每一次我都會發現自己大獲全勝：彼得更開心了，我也更開心了，我們都更開心了！」

「所以，其實對我來說，最大的勝利不僅僅是彼得在處理金錢方面有了百分之百的大翻轉，還有我自己選擇聚焦在哪裡也發生了百分之百的大翻轉。這對我提升幸福指數的幫助簡直太大了！而最最棒的收穫是，自從我們這麼做以後，我們變得更愛彼此了。我們的婚禮也會如期進行，你會來吧？」

「我當然不會錯過了，喬迪。」

當你真正意識到生命中的每一份經歷都能給你帶來裨益時，你就會發現，沒有什麼事情是你必須用抵抗或防禦來面對的。不僅如此，你還會發現適當的人、適當的情境和適當的資源都會以不可思議的方式來到你的身邊，這便是生命開始變得神奇之處。

現在讓我們再深入一個層次。你還記得納尼瑪——珍妮特在喜馬拉雅高山深處、恆河之源遇見的那位美麗女聖者嗎？過去三十五年來，她一直在深山隱居修行，承諾用一生去實證真理。納尼瑪對吸引力法則發表了她的見解，稍後我們還會與你分享更多的觀點。

你想獲得什麼，必須先給予什麼

我第一次認識納尼瑪是透過好朋友克里希納的引薦。每一年，克里希納都會去印度旅居兩到三次，為的只是和聖人們交流同行。當我問他，有哪些聖者是他覺得我必須去見的，納尼瑪幾乎排在他的推薦名單榜首。

我知道這一定是重磅推薦，因為我非常了解克里希納，他見過不少高度覺醒的靈魂，而且十分謹慎，只有在他親自接觸過對方，確認哪些是貨真價實的覺悟者之後，他才會把他們推薦給別人。然而我第一次見到納尼瑪時卻大吃一驚，我原以為她是印度人，沒想到她來自英國。

只需和她待上幾分鐘，我便明白了為什麼克里希納向我極力推薦她。納尼瑪身上散發著那種獨特而祥和的光芒，我在許多真正的大師身上都曾感受過這種氣場。納尼瑪過著全然奉獻的生活，長年深度冥想與修行，現在的她仿若純淨真知與愛的化身。我請教她關於吸引力法則的問題，以及一個人如何才能創造美滿的生活，她的回答是如此深刻：

> 想要創造任何你想在生命裡體驗的事物，首先你必須將這些事物給予他人。或許有的時候人們以為自己想要的是錢財、伴侶或孩子，但事實上所有人真正想要的都是幸福，追尋種種一切皆是為了獲得幸福。獲得幸福的方法便是給予他人你真正想要擁有的東西。生活就像是一面鏡子，你給出去什麼，就會獲得什麼。
>
> 因此，若想獲得幸福，必先給出幸福；若想獲得愛，必先給出愛；若想獲得尊重，必先給出尊重。為了獲得愛、幸福和生命各個層面的成功，我們需要保持開放。我們必須敞開心扉，敞開自己。如果你敞開自己，一切都會毫不費力地流向你。
>
> 要想吸引自己真正想要的事物來到生命裡，要想好好運用吸引力法則，你必須全心全意地承諾與投入。一個人必須對自己真心想要的全然承諾，而一個人真心想要的便是愛與幸福。因而，一個人必須致力於給出這些東西，如此才能在神性的創造裡享受生命的和諧。

如果一個人不夠承諾，他就會變得困惑，他就會變得渙散。我們知道，一個人只要凝神聚氣，不論他專注的是什麼東西，那都會成為他的力量來源。而一旦精神渙散，力量便不復存在，事情也會毀於一旦。如果你想讓某件事情強而有力，如果你想讓某件事情清楚篤定，如果你想讓某件事情獲得成效，你必須全力以赴。

在和納尼瑪交談時，我非常想知道，為什麼有那麼多人一旦與自身的熱愛校準以後，都會感受到一股強烈的衝動，想要去服務這個世界。在我自己的人生中，我時常會感覺到，自己會不自覺地想去幫助無家可歸的女性，以及幫助未成年的犯罪者。在商業領域裡，只有當你真正用心服務你的客戶時，成功才會來臨。我請教納尼瑪，為什麼當一個人活在自己的熱愛中時，貢獻和服務他人會變得這麼重要。她回答：

當我們用心服務他人的時候，我們就會忘掉自己，擺脫自我。生命之苦來自於我們迷失在自我當中，意指迷失在小我當中。貢獻服務他人的時候，我們會短暫忘記自己狹隘的人格。正是狹隘的人格給我們帶來了痛苦，當我們真心服務他人的時候，我們就走出了自我。此後，我們的內在開始閃耀，神性開始閃耀，我們的真實本質開始閃耀，那便是幸福。

對於開悟者而言，他們的心已然敞開。他們已經沒有了小我，這些人在全然的幸福當中。那些內在喜樂的人會去貢獻，是因為這是他們唯一想做的事。他們感受到深深的慈悲，他們離神很近。他們在生命中已不執著於擁有任何事物，但他們尚有人身，所以他們會運用此身去幫助他人，幫助那些尚未理解神性無處不在的人，幫助那些尚未離苦得樂的人。開悟者想要幫助他人得解脫，這是非常自然的，因為他們已經擁有了一切。

就在我與納尼瑪相處的時光接近尾聲時，我想了解「吸引力法則」與「理解萬物在其本質上是合一的」這二者之間的關係。她說：

當我們忘掉小我，開始去愛他人時，我們便會接收到愛，而那正是我們真正想要的。在我們接收和給予愛的過程裡，我們理解了手足之情。當手足情誼更深地發展，它就會變成合一。

我們的需要是共通的，我們的渴望也是共通的。所以吸引力法則是構建在愛上的法則。我指的不是吸引那些世間之物，而是吸引人類真正渴望的東西，人類真正需要的東西。我們真正需要和渴望的是彼此和諧，彼此合一。

其他的東西是浮於表面的，就如同深深的河流上漂浮的細枝。那深深的河流是我們所能感知到的彼此間的愛與和諧，它與我們的合一直接相關聯。我們潛入得越深，離合一就越近。只有當我們離深處太遠、浮於表面時，才會想要那些細碎的東西，而並不明白自己真正想要什麼。

當我們覺得自己「想要這個、又想要那個」的時候，其實我們需要更深入內在，發現自己真正想要的東西。然後我們會發現，我們真正想要的僅只是愛與幸福。為了找到愛與幸福，我們必須給出去。一旦我們給出愛與幸福，我們就打破了彼此間的藩籬。做到這一點，我們就會發現，世上只有合一，再無他物。

第9章

採取行動，放下控制欲

「盡己所能，然後放鬆臣服，不可思議之事就會發生。」

——黛比·福特（Debbie Ford），
美國作家、教練

我們在與羅伯特・艾倫和馬克・維克多・漢森合作期間，認識了凱倫・尼爾森・貝爾（Karen Nelson Bell）和她的丈夫鄧肯（Duncan）。在那個時候，他倆是羅伯特的學徒制課程學員，已經跟隨羅伯特學習了一年多。他們聰明好學、滿懷熱情又積極樂觀，和他們相處起來總是讓人十分愉快。

羅伯特在一次演講中，邀請了凱倫和鄧肯來講述自己的故事。他倆最初都在娛樂產業工作，他們負責製作的電視劇和現場音樂會曾多次斬獲大獎。但是當整個行業進入低谷期時，他們離開了這份六位數收入的高薪工作。

幾個月以後，他們參加了羅伯特的課程。那個時候，大多數學員都還在忙著吸收新知識，但凱倫和鄧肯已經積極地將每週所學內容投入實踐了。

「其實我們還不知道自己該做什麼好，但是我們已經下定決心要開始行動，」凱倫說，「我們摸爬滾打了四個月，雖然一路跌跌撞撞，但還是成功積累了將近一百萬美元的資產。一年過去，我們單從自己的不動產中獲得的淨資產就已經超過一百萬美元，其他資產所帶來的現金流也能夠滿足我們舒適的生活。」

鄧肯於二〇〇五年離開了這個世界。凱倫雖然失去了生命的摯愛，但她依然遵循著我們所教導的那些法則過著美好的人生。她積極投入生活，發表了自己的暢銷著作《無所不能的女人》（*Nothing Down for Women*），依然滿懷熱情，正如我們當初所遇見她的那樣。

凱倫把注意力聚焦在生命裡所有幸運的事情之上，以這種方式來悼念自己最深愛的人，同時也無比珍惜與鄧肯之間幸福的回憶。

保持專注其實與付諸行動密切相關。凱倫和鄧肯勇敢而獨特，他們在還不清楚怎麼做之前就先邁出了第一步。鄧肯離世以後，凱倫繼續保持行動，並把注意力投入在那些能夠讓她的生活更豐盈美好的事物上。

「設定意圖、保持專注、放鬆臣服」並不意味著坐在原地幻想意圖自動實現。要想在宇宙高速公路上飛馳，邁出行動十分必要。你可以從當前可以做的行動開始，就像凱倫和鄧肯那樣。

或許你可以先列一張清單，寫下一些你可以為活出熱愛的人生所做的事情。如果你不知道先做什麼好，那就試試看這麼做吧——

“

將熱愛付諸行動！

”

建立熱情行動清單

列出一張清單，寫下你能想到的、可以讓自己更接近五大熱情和標誌的所有行動。如果你可以和幾位好朋友一起來做這件事，大家一起腦力激盪的話，會更加有趣。

一旦你列出所有能做的行動，接下來就可以運用一個與熱情測試非常類似的流程來兩兩對比清單上的行動選項。不過，與熱情測試不同的是，在對比的時候，你不需要問：「哪個感覺更好，這個還是那個？」在這一次的流程裡你要問的問題有所不同。在行動層面上，最關鍵的是要釐清該最先做哪件事，所以你要問自己：「**哪個我想先做，這個還是那個？**」

就像你在熱情測試裡所做的那樣，兩兩對比以後，請將勝出的那一項與清單中的下一項繼續進行比較，直到最終整個清單裡有一項行動脫穎而出，那便是你當下最想邁出的熱情行動了。

舉例來講，假如你的熱情是「我和我的孩子們擁有深刻、富有意義而且相互尊重的關係」，而你列出的行動清單是：

1. 關注孩子們的興趣和需要

2. 全家進行一次神奇的探險之旅
3. 為每個孩子建立一份大學基金
4. 當孩子們需要支持時，騰出時間來陪伴他們
5. 每週都花些時間與每個孩子相處

第一個問題：「哪個我想先做，『關注孩子們的興趣和需要』，還是『全家進行一次神奇的探險之旅』呢？」或許你會選擇第一項「關注孩子們的興趣和需要」。然後你接著問：「哪個我想先做，『關注孩子們的興趣和需要』，還是『為每個孩子建立一份大學基金』？」或許這一次你還是選擇了選項一，那麼你就繼續問：「哪個我想先做，『關注孩子們的興趣和需要』，還是『當孩子們需要支持時，騰出時間來陪伴他們』？」這一次假設你選擇的是選項四「當孩子們需要支持時，騰出時間來陪伴他們」。

那麼接下來你就要用第四項與下一項來進行對比了。所以你的下一個問題是：「哪個我想先做，『當孩子們需要支持時，騰出時間來陪伴他們』，還是『每週都花些時間與每個孩子相處』？」或許你選擇的仍然是「當孩子們需要支持時，騰出時間來陪伴他們」。那麼「當孩子們需要支持時，騰出時間來陪伴他們」就成了這份清單裡你的第一大熱情行動。值得一

提的是，**在這裡沒有所謂正確或錯誤的答案，你只需要選擇你真正感覺對的、你真正想要選擇的那一個就可以了**。

在上述範例中，你是否有留意到，一旦我們在兩兩對比中選擇了四，我們便不再需要把四和二、四和三再對比一遍？這一點與熱情測試裡的對比方式一樣。當你選出了一個新的選項時，你永遠不用再回頭把它與前面的選項重新對比，只需要繼續往下對比即可。

在實際操作中，你所列出的行動清單可能涵蓋十個左右的行動。進行完上述第一輪對比以後，你還需要再進行四輪這樣的對比流程，直到得出你最想要馬上去做的五大行動。然後，針對每一項行動寫出一個實踐計畫，既可以列出更細節的拆解步驟，也可以列出為了實踐該行動你需要做出哪些準備。

大自然導航系統

透過邁出行動，你會把注意力牢牢鎖定在實現熱愛的道路上。行動使人專注。這一點至關重要，所以我們要重申一次：**行動使人專注**。

並不是行動本身創造了你所渴望的結果（雖然看起來是如此），而是你透過保持專注，讓自己的意圖始終保持清楚，最終才創造出理想的結果。你可以從大量的案例中看到此言不虛。幾乎在每一件事情裡，我們得到結果的方式都與當初為了達成目標而制定的行動計畫大不相同。

如果是你的行動直接創造結果，那麼每件事情就應當如你所計畫的那樣發生，可事實並非如此。你的行動是在幫助你不斷地保持專注，專注於意圖的圓滿實現。而生活最有趣的部分正是去見證這個圓滿的過程到底是怎麼展開的，甚至到底是怎麼出其不意地展開的。

這就是為什麼保持開放的態度如此重要。我們可以相當自信地向你保證，事物發展的方式絕不會和你預想的一樣。這也是為什麼我們在Part1與你分享了珍妮特的冒險故事，希望你能從她的事例中有所體會。不過，這裡有一個好消息要告訴你：

> **大自然在你所走的每一步中都會給予你指引，只要你學會聆聽它的訊息。**

無論你是否相信，生命的設置都是為了讓你能夠持續馳騁在宇宙高速公路上，通往與日俱增的喜悅和圓滿。然而不幸的是，現在很多人都像偏離了軌道的玩具車，撞上了牆壁，車輪卻仍然不屈不撓地原地旋轉著，非要穿牆而過不可，而不是轉個彎重新回到自己的軌道。

大自然透過我們所體驗到的收縮和舒展的感覺一直在指引著我們。為了使你更了解我們到底在講什麼，我們想請你拿出一張白紙，在左上角寫上「大自然導航系統」這幾個字，然後在紙張的縱向中線處畫一條分隔號；在分隔號上端寫上「喜悅與圓滿」，在分隔號下端寫上「痛苦與折磨」；在分隔號的右側畫一支向上的箭頭，在旁邊寫上「舒展」；在分隔號的左側畫一支向下的箭頭，在旁邊寫上「收縮」。

你知道當自己處於收縮狀態的時候是一種什麼樣的感覺嗎？煩躁、生氣、焦慮、緊張、憤怒、心灰意冷、疏離、不快樂、沮喪等，總之，收縮的感覺真令人難受。

你也很清楚人處在舒展的狀態下是一種什麼樣的感覺吧？快樂、興奮、充滿活力、對一切都願意去嘗試、敞開、與人連接、充滿愛意、慷慨、友善、慈悲等，總之是那些美好的體驗，讓我們覺得很棒的感受。

請在你的紙張上，在「舒展」一詞的旁邊畫上一個綠燈（一個綠色的圓點），在「收縮」一詞的旁邊畫上一個紅燈（一個紅色的圓點）。如果你手頭沒有彩色筆，可以在「舒展」旁邊畫一個向外散發光芒的空心圓，而在「收縮」一詞旁邊畫一個實心圓（見圖表9-1）。

當你感到舒展的時候，這是大自然用它的方式在告訴你：「請向前邁進，採取行動，你正在正確的軌道上。」當你感到收縮的時候，是大自然導航系統在告訴你：「請暫停片刻，休息一下，觀察局勢，反觀靜思。」

由於收縮的感受有時候會很強烈，所以在《從悲傷到喜悅》這本書裡，我們描述了一個「舒展流程」，這是一個以建設性的方式來處理人的情感收縮的流程。不過現在你只需要知道，收縮是一種訊號，是大自然在告訴你：「放鬆一些，對自己友善一點，後退一步，重新觀察一下局勢。」

還記得「設定意圖、保持專注、放鬆臣服」嗎？這就是「放鬆臣服」。如果你明明感到收縮

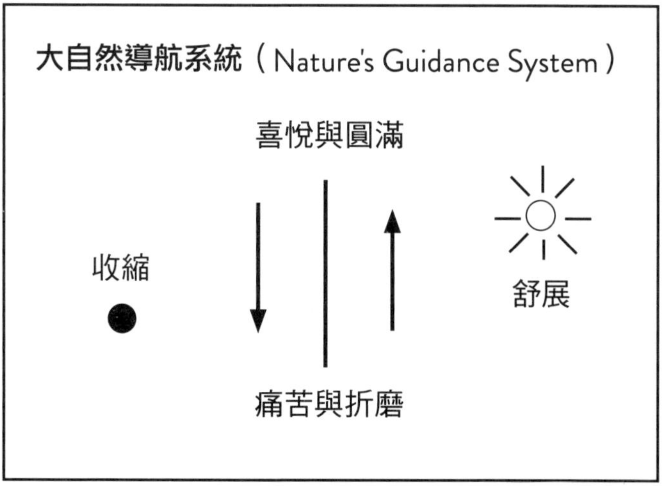

圖表 9-1

了，還硬要往前走；如果你明明已經筋疲力盡、壓抑緊繃或焦慮不安了，還非要向前衝，那麼你就是在固執己見，而非聆聽大自然給予你的意見。如果你這麼做，那就與一輛玩具車無異了，你撞上了牆壁，奮力地轉動著自己的齒輪，企圖穿牆而過，卻不願意轉身回到自己的軌道上加速前行。

有多少次你心想：「可是我必須完成這個呀！為了達成目標，這很重要！」因此不管不顧自己的收縮狀態，硬著頭皮向前？又或者是，你可能猛地一下撞到牆壁以後，就輕言放棄了：「我永遠也不可能實現意圖的。」你知道嗎？一旦你這麼自我催眠，最終這就會成為你的真實，你也因此關閉了大自然導航系統。

一旦你持續這樣做，你就會朝著你剛剛在那張紙上所畫的線條，往下的方向越來越下沉，生命中的苦難就會越積越多。

當你處於收縮狀態時，不妨暫停片刻，休息一下，對眼前生命所發生的境況保持開放的態度。你將會給予自己全新的機會，允許新的想法、解決方案和機會浮現出來。

你可曾聽說企業家、發明家還有藝術家是怎麼度過他們的瓶頸期？當他們面臨一個問題或挑戰的時候，會稍微從該問題中抽離出來片刻，他們可能會去打打網球、睡一覺或者去散步。之後，在某個不經意的瞬間，在他們並沒有刻意去思考那個問題的時候，靈感反而降臨了，新的思路和解決方案突然浮現出來。

這就是放鬆臣服的法則，當收縮期來臨，請適時放鬆，不要試圖在收縮時去處理挑戰。你無須擔心，因為你的大腦中有一個部分仍然在自行運轉著，繼續關心著這個議題，甚至在你並沒有思考它的時候，潛意識仍然在努力為你工作，之後，可能在你最不期待的時候，反而會有好的主意或想法冒出來，讓你重新回歸到舒展之中。

那便是屬於你的「頓悟時刻」，突然間你又一次感到興奮不已、興致勃勃。舒展就是你的綠燈，你再次採取行動，勇往直前！

真的就是這麼簡單。大自然導航系統始終指引著你，只要你願意敞開自己去接收它的指引。我們只有兩種狀態：停與行，收縮的時候，止步靜觀；舒展的時候，乘興而行。

飛馳在宇宙的順流之路上、通往天命的旅途上，需要我們學會全然信任宇宙，信任它的創造是為了支持我們體驗與日俱增的幸福和圓滿。這也意味著，就如黛比．福特所言，我們要「辭任宇宙大管家」，放下「我們必須控制自己的世界裡所發生的一切」這種想法。

以下是我們與黛比．福特在「熱情訪談」中的內容，相信其中的深刻觀點能啟迪我們如何保持開放，和充滿覺知地活出熱愛的人生。

愛自己的陰暗面

黛比．福特是《紐約時報》暢銷書作家，著有《與其做一個好人，不如做一個完整的人》（*The Dark Side of the Light Chasers*），也是國際公認的心靈成長與人類潛能領域的專家。她創辦了約翰．甘迺迪大學福特綜合教練技術研究院，該組織為致力於活出非凡人生的個人提供專業培訓。黛比因其深刻的教導和獨具開創性的內在探索流程，成為了一位著名的教練、心靈演說家和研討會領袖。

> 我的熱情是教導人們全然愛自己，不僅僅是愛自身那些可愛的部分，例如迷人、美好、聰慧的部分，而且也愛自己的陰暗面，愛上自己的全部。
>
> 我的熱情驅動著我寫了自己的第一本書。我想與世界分享的是，我們每個人真的都是神奇的存在，或多或少都有著相似的生命藍圖。我們包含這一切：好與壞，光明與黑暗，甜蜜與酸楚，恐懼和無畏。
>
> 我們無法讓壞的一切消失，但我們可以學習整合它們，甚至愛上自身的那些部分。我總是試圖告訴大家，你能夠投入世間的努力是有限的。我記得在《與其做一

個好人，不如做一個完整的人》初問世的時候，我信心滿滿地認為，它一定會登上暢銷書榜首，我也會登上電視節目《歐普拉秀》（*The Oprah Winfrey Show*），一切都會很棒、很順利的。

我熱情地去分享我的書，無論只有三五個人來聽，還是十幾個人來聽我的演講，只要有人願意聽，我就樂此不疲地分享。就這樣花了好幾年的時間，才把所有的碎片整合起來。其間有貴人把我的書推薦給了歐普拉，但仍然杳無音訊。

現在的我回頭來看，我會說，有些事情是命中注定的。它們只會在該發生的時候發生。經由人為的努力，你能夠達成的成就真的就只有那麼多而已。

有一天我在臣服的狀態裡對自己說：「好的，我到底該怎麼做才能讓我的作品走向世界呢？為此我甘願做一切努力。」我夜以繼日地做我該做的所有事情。然後，我遇到了一些機會。我遇見了謝麗爾・理查森（Cheryl Richardson），她當時是《歐普拉秀》的常駐嘉賓。她對我說：「哇！你的作品太有意義了！我可以做些什麼來幫助你嗎？為什麼你還沒有上《歐普拉秀》？」

這個問題對我來說挺有意思的，她促使我思考為什麼我還沒有按照自己想要的方式，讓我的作品為世人所知。我看到的是我的恐懼，我害怕那會讓我忙得昏天黑地，因為我現在手頭的任務已經讓我不堪重負了。

那一刻我看見了真相，是我自己給自己砌了一道障礙牆，是我自己很害怕，在呼喊著：「我不能接受比現有更多的任務了！」這也提醒了我，並不是凡事都要親力親為。如果我放鬆臣服，神或者我的高我會照顧好我的。

盡己所能，然後放鬆臣服，不可思議之事就將發生。我放鬆下來，真的就在三天以後接到了《歐普拉秀》節目組的電話。我受邀做了三期節目，而且他們還把這三期節目都重播了。僅僅幾個月的時間裡，我的書籍——包括與其做一個好人的那一本——全都走向了世界。

我們常常習慣於費力去讓事情發生。我們相信自己可以做到一切，我們相信自己是萬能操盤手。但如果你放棄做萬事萬物的駕駛員，會有一個更大的駕駛員比你做得更好。記得這樣問自己：「為了能夠辭去宇宙大管家的職務，去做我真正該做的事，今天我可以做些什麼？」

大約在二十五年前，我在接受毒癮康復治療的時候愛上了一句祈禱文，這句話被印在了當時的匿名戒酒會手冊上：「我願將自己奉獻給您，請以您的旨意與我一同創造、行動。請解除我的自我束縛，讓我能夠遵循您的旨意好好出發。」

在整整五年的時間裡，我每日雙手雙膝伏地祈禱，我的祈禱文是：「請使用我，請讓我從自以為是的束縛和控制中解放出來，允許宇宙以更偉大的理由使用我。」我能感受到今天的自己已經被宇宙以那個更大的理由使用了，為此我十分開心。

我的新書《生命中最棒的一年》（*The Best Year of Your Life*）講的就是如何在每一年的年末成為自己真正想成為的那種人。這並不是說你必須達成一系列的外在目標才可以，是的，過去很多年我努力得到了我想在物質世界裡擁有的一切，最後內心卻空空如也。我真正的目標是找到內心世界和外在世界的平衡。如果我做出了正確的選擇，如果我讓自己不斷成長，如果我放鬆臣服，如果我深愛我本來的樣子，那麼在每一年的年末，我都會了無遺憾。這便是我在多年的教學過程裡，以及在培訓生命教練的過程裡所看到的。當你真正熱愛生活的時候，奇蹟就會發生。

《生命中最棒的一年》這本書的副標題是「去做夢，去規劃，去生活」，它確實為人們提供了一些工具，讓我們能在外在世界實現一些目標。但它最終的要點卻是：我必須在內心世界裡成為誰，才能毫不費力、輕鬆快樂地在外部世界中創造出滋養我的東西呢？

許多人的心中都懷有嗔恨，不僅僅對別人，對自己也是如此。這樣無情的一面我們大多數人都有，它反映出了我們在內心世界裡對自己的苛責與攻擊，我們看待外在世界的方式永遠都是我們內在世界的一面鏡子。

人們不停地自責，然後突然間連自己都詫異，為什麼我們會不自覺地做出更多加深自我苛責的事情呢？其實這只是我們確認內在資訊的方式而已。大多數人都有類似「我不夠好」、「我不可能得到我想要的」這樣的內在資訊，或者其他被植入於潛意識裡的限制性信念。

為了停止自我破壞，我們需要原諒自己身而為人的種種缺陷和不完美，原諒自己有時行為不當，原諒自己有時會做錯選擇。我們必須原諒自己是有弱點的、不完美的人，我們無法事事做對、樣樣得體，我們有時會做出不符合自己和他人最高利益的選擇。

我所有長期培訓課程的基礎都是自我寬恕。因為我知道，如果你能在內心原諒自己，如果你能對住在你內心的那個可愛脆弱的孩子富有同理心，態度親切而友善，那麼你就會在外在世界裡創造出神奇的時刻。外在世界會映射出這份自愛，你不會再想自我破壞。你會認真地選擇與誰為伴、要做什麼事情，因為你對自己而言變成了珍貴的存在。

我很喜歡這樣一個比喻：我們每個人都很像是一個偉大的藝術品。雕塑家看著一塊石頭的時候，他們能夠看到其中的壯麗。他們知道自己要創造的是什麼東西，因此所需要做的僅僅是鑿掉不屬於它的東西，讓真正的作品得以浮現，傑作由此而誕生。

這就是我們需要做的一切。我們並不需要去成為什麼，因為我們已經是自己想要成為的一切。我們只需要鑿掉所有讓我們分心、阻擋我們看見真我的東西。然後，瞧——我們最終會自然而然地站在自己的力量裡。

在這則有關活出生命熱情的訪談中，有哪些要點？

1. 我們都有陰暗面——我們身上那些讓自己感到羞恥、尷尬或害怕的部分。我們無法讓這些部分消失，但是我們可以學會整合它們，甚至去愛上它們。
2. 萬事都有其時機，它們會在該發生的時候發生。透過人為努力，你能夠達成的成就只有那麼多而已。
3. 盡己所能，然後放鬆臣服，不可思議之事就會發生。當你不再凡事親力親為去做那個駕駛員時，會有一位駕駛員做得比你更好。

4. 你在內心世界裡是什麼樣子，決定了你能夠多麼不費力地創造出美好的外在世界。
5. 站在自己的力量裡，意味著與高我校準，認識自己的人性和神性。
6. 你如何知道自己何時是有力量的？——在你充滿力量的時候，你會一無所求。

第10章

越放鬆，成效越高

「從喜悅中顯化出整合的真知，編織起生命的宏偉巨制。」

——比爾·萊瓦希，吠陀占星師

「我在美國商界工作了二十五年，在過去的十八年裡擔任資訊技術領域的高級總監和行政總監。我擁有豐富的機會和豐厚的收入，整體來說很滿意自己的生活。」琳恩．卡尼斯如是描述她在做熱情測試以前的生活。當她第一次做熱情測試，清楚了自己的熱愛以後，與我們分享了她的故事：

在過去十年，很多時候我的內心都有一個聲音，它不斷地告訴我：「我想要走出去！我想做些不一樣的事情！我真的很渴望能有所作為，去追尋我的熱情！」這個聲音越變越大，我試圖趕走它，那段時間我也換了兩家公司，但這個聲音仍然占據我的腦海。

終於，我決定去聆聽它。然後我發現，我的生活幾乎都被工作擠滿了，就好像一週七天，一天二十四小時都在開會。我時常一邊開著一個會議、兩個會議甚至三個會議，一邊電話鈴聲不斷，有時候還同時在回覆郵件、撰寫報告、監督專案、接待訪客等。我的生活根本毫無樂趣可言，用克里斯和珍妮特的話來說，就是我陷入了嚴重的收縮狀態中。

所以我離職了，剛好我有一筆存款，丈夫也支持我的決定。但我還不知道自己應該去做什麼，只知道我想做一些有意義的事，給世界帶來價值。

於是我做了熱情測試，由此開始專注於自己所熱愛的事、真正想做的事，並開始制定了一系列計畫來達成我的目標。這一切在當時看起來都還十分遙遠，但僅僅一年過後，我的生活就已經發生了翻天覆地的轉變。我對湧入生命各個層面的豐盛感到無比驚奇，甚至可以說為之震驚。

或許最讓我驚喜的是開啟這個全新的冒險之旅以後，還不到半年的時間，我的丈夫就告訴我他覺得自己變得幸福多了，因為我變快樂了，不再那麼壓力重重。我都不知道以前我的壓力給他帶來了那麼大的影響。他告訴我，他覺得自己已經找回了當初所娶的那個女人，哇！我也不斷聽到家人和朋友們告訴我，我看起來至少年輕了十歲，重返他們記憶中的樣子——那個爽朗愛笑、富有樂趣的女人，跟我在一起很開心。

做完熱情測試後，我開啟的第一個專案是舉辦一系列線上行銷研討會，我驚喜地發現自己吸引到了一些網路行業的成功人士參與。接著我又遇到了很多優秀的人，他們現在成了我的事業夥伴和好朋友，我們一起建立了一個網站來幫助人們輕鬆轉型，希望大家不用再像我以前那樣，耗費十年時間才能做到。

我的三個不同企業需要的合作夥伴一個個接連出現。每當我需要他們，甚至在我意識到自己需要他們之前，他們就來到了我的身邊。現在我身邊有溫暖美好、富有才華和樂於奉獻的朋友，我無法一一細數對他們的感謝，一切就是這樣不可思議地發生。

現在，每一天醒來我都感到精神抖擻，投入工作的時間對我來說也成了無比快樂的時光，與我共事的人對我來說都是美好的禮物。我們致力於幫助更多人。我們會向網站訂閱者推薦熱情測試，因為我們真心相信它是通往愛與豐盛的人生旅途上，不可或缺的一部分。

雖然在過往大多數人眼裡，我的工作光鮮亮麗、收入有保障、福利豐厚，但是我自己卻感覺很困頓壓抑。現在的我不一樣了，我的生活無可比擬，非常豐富，我能夠幫助那麼多人也活出他們所熱愛的人生，這是一份多麼棒的禮物！

琳恩的故事也可以是你的故事，而這一切都關乎「設定意圖、保持專注、放鬆臣服」。

讓我們回顧一下到目前為止我們完成了哪些事：

1. 透過完成本書Part1的熱情測試各項練習，你已經有了清楚的意圖。
2. 你理解了吸引力法則的意義，也開始練習在每一個生命情境裡去發現隱藏的禮物。
3. 你了解了收縮和舒展在你的生命裡扮演著什麼樣的角色，你學會了運用大自然導航系統發送給你的訊號，輕鬆順流向前。
4. 你知道了想要在通往理想人生的宇宙高速公路上飛馳，邁出行動至關重要。
5. 你意識到自己並不是宇宙大管家，你的職責是向全新的可能性保持開放，放掉你認為事情應該如何運作的固有觀念。

在鬆弛的狀態下行動

邁出行動至關重要，保持開放也必不可少，但我們還能不能做些別的事情來增加成功機率呢？

在印度古老的吠陀經書中，揭示了這樣一則生命的奧祕：「安住於完整當中，佇立於寧靜之境，由內心平和之處展開行動。」

這便是我們給你的熱情公式「設定意圖、保持專注、放鬆臣服」中第三步的真意，運用這個公式，你可以在生命裡創造任何你真正想要擁有的東西。**想要讓行動產生強而有力的結果，放鬆的狀態非常關鍵，這種鬆弛感是一種內在完整、平和穩定的感覺。當心安住之時，靈感才會悄然而至**。

回想一下，當你處在收縮狀態的時候，是不是也常常覺得思緒紛雜，腦袋裡面冒出各種想法，越想越心煩意亂？

所以一旦覺察到自己收縮了，不妨停下腳步，這反而才是最有效的行動。心煩意亂就是放手的訊號，讓你休息一下，放鬆下來，輕鬆以待。還記得大自然導航系統中的那張圖嗎？收縮就像是一個紅燈訊號，它告訴你要停一停，騰出時間來休息了。過一種富有覺知的生活，意味著要覺察自己何時感覺舒展，何時感覺收縮，並依循不同的狀態張弛有度地生活。

「放鬆臣服」這個法則就好比一位弓箭手渴望正中靶心，他拿起了弓箭，第一步應該怎麼做？他需要朝著完全相反的方向拉弓。這是否耐人尋味呢？要想正中靶心，弓必往後退，箭須在最鬆弛的狀態下蓄力儲能，稍後才能全速向前。**想要行動獲得成功，你得先往後退一步，保持鬆弛而機敏的狀態，接下來邁出的行動才會卓有成效**。

如何做到這一點？保持充足的睡眠、定期冥想和祈禱，都有助於我們培養從容鎮定的狀態。我和珍妮特每天固定的功課是兩次冥想、晨間祈禱，這會讓內心平靜變成一種習慣。以上便是我們要與你分享的關鍵要點了：**我們要學習如何在鬆弛的狀態下邁出行動**。此外，還有沒有別的辦法來提高行動成效呢？

適時查看宇宙路況報告

我們完成本書的初稿後，珍妮特寄了一份樣稿給鮑伯．克萊森（Bob Cranson），鮑伯曾是珍妮特的冥想老師。

「珍妮特，這本書真的很棒，」鮑伯點評道，「不過你漏掉了一個非常重要的部分。」

「什麼部分？」珍妮特好奇地問。

「有的人可能十分清楚自己熱愛什麼，也全力以赴地做了正確的事，可仍然好像運氣不佳，不停地碰壁。你難道不覺得應該告訴讀者，如何規避這些失望失落的時刻嗎？」

好吧，我們本來不打算分享這個部分的，畢竟，這本書裡的內容已經非常豐富了。不過，確實有個吠陀占星學（Jyotish）的知識體系能幫助你避免許多心碎失望的時刻。如今，吠陀占星學的奧祕在西方世界仍然鮮為人知，但它很大程度上能夠幫助你更加輕鬆地享受天命之旅的每一步。

所以我們決定把這個祕密分享給你，至於它是否會對你產生價值，由你來決定。對我們而言，在活出生命熱情這個領域，我們總是樂於嘗試各種工具，我們也想毫無保留地把這些工具分享給你。

首先，珍妮特會向你略述她的體驗，以及吠陀占星學對她生命裡一個重要時刻產生了什麼樣的影響。

珍妮特：在我和克里斯還是夫妻的時候，我們每年都會去拜訪一位吠陀占星師，請他幫我們解讀當年的運勢，再給我們一些建議。

我們所理解的吠陀占星學的目標是「防患於未然」。如果你能了解未來的發展趨勢，你便能適時做出調整，讓你的行動帶來最佳結果。我們很想知道，生命裡即將發生的事情會是挑戰還是機遇，方便我們做出相應的調整。

有一天，克里斯請了一位吠陀占星師和他的翻譯幫助自己解讀運勢。解讀完後，預約的時間還剩下十分鐘，做為一個擅於抓住一切機會的人，我問他，我可不可以利用克里斯剩下的十分鐘來提問。

「當然。」他回答。

「您能不能跟我講講有關我親生母親的事？」我詢問。

這位占星師開始進行運算，幾分鐘後他看向我，以十分憂鬱的語氣說：「你必須馬上回去探望你的母親，我不能肯定地說她彌留的日子已不多，但你最好趕緊回去看看她。」

一股寒意穿透了我的脊梁，我的母親當時正在洛杉磯的一家醫院裡，他不可能提前知道這個消息。

「您百分百確定嗎？」我問。

「是的，」他回答，「去見她的時候，記得要帶一些鮮花和禮物，告訴她你有多愛她，細數所有你愛她的地方，對她傾訴所有你希望她原諒的事情，去做所有你能做的彌補。」

這對於當時經濟拮据的我們來說是個不小的壓力，但我們還是決定按他說的做，因為他過去確實給過一些十分精準的建議。萬一母親真的要離開這個世界了，我可不想錯過修復我們關係的唯一機會。

在我七歲以前，母親一直是我最好的朋友，但後來她開始酗酒，我的世界也因此發生了徹底的改變。母親成為酒鬼以後，她和父親的婚姻也破裂了，要麼住在酒友家裡，要麼住在廉價髒亂的汽車旅館裡。直到六年前她才終於成功戒了酒，成為一名基督信徒。

關於我與母親的關係，以及她酗酒的日子裡所發生的事，我有許多尚未修復的情緒。我從未和她談起過這些，但我想是時候釋放掉這些過去的傷痛了。我對自己在她最艱難的時光裡發過的脾氣、對待她的方式一直難以釋懷，我知道，如果她有可能離開這個世界，我很渴望能在那之前做一些彌補，完成我們未盡的遺憾。

第二天，我就開車到了愛荷華，給母親買了許多美麗的禮物。三天以後，我和克里斯一起飛往洛杉磯。

我們走進病房的那一刻，「愛跺腳的媽媽怪獸」（我小時候給她取的名字）正躺在床上滿臉笑容地迎接我們，就好像健康廣告上那種完美的畫面一樣。我很高興看到她的狀態這麼棒，但也對自己輕信了占星學家的預言感到非常生氣，媽媽臉上紅潤的氣色顯然與他所講的大相逕庭。

我把禮物送給「媽媽怪獸」，決定不管未來怎麼樣，我還是要好好利用這段時光。既來之，則安之。我花了好幾個小時向她傾訴，表達出那些我一直想說卻從未說出口的話。

「媽媽怪獸，」我一開口，聲音便因湧動的情緒而哽咽了，「我真的覺得很對不起，在你最需要我的時候，我沒有在你身邊。那時我只是太生氣了，你開始酗酒後，我覺得你拋棄了我……」我與媽媽分享這些事的時候，淚水開始大滴大滴地從我倆臉上滑落。

我繼續說：「媽媽怪獸，因為你的存在，我才能夠毫無保留地去愛那麼多人。我有沒有告訴過你？這是真的。我的朋友甚至都對我生氣，他們說告訴每個人我愛他們是不對的，他們說去愛每個人是不可能的。但是我真的感受到好多好多的愛，媽媽怪獸，我真的能感受到這一點，因為在我小的時候你向我傾注了那麼多的愛，我永遠也忘不了那種感覺。那是你的愛，是你把這份愛給了我，你給了我全世界最好的禮物。」

「哦，珍妮，」媽媽也流淚了，「我不是一個很失敗的媽媽嗎？」她忍不住哭出聲音，開始無法抑制地抽泣起來。

「不是的，媽媽，我真的很愛你，你教會了我什麼是真正的愛。」

「你也一直是我的小天使，珍妮。」媽媽說。

說完這些，我們相擁在一起，仍然止不住地流淚，淚水將我們多年的痛苦洗滌乾淨。我和媽媽共度了三天情感豐沛的日子，然後便和克里斯一起飛回愛荷華了。兩天後，我又接到媽媽的電話。

電話那頭傳來歡快的聲音：「你猜猜醫生怎麼說？」

「他怎麼說，媽媽怪獸？」我問她。

「醫生說我恢復得棒極了，我可以回家了！」

「天哪，這真的是個好消息！」

我真的很開心媽媽平安無事了，但同時也對那位吠陀占星師錯誤的預言十分惱火。飛去加州一趟對我們來說可是一筆不小的財務負擔，我本來想著等境況好一點再去看媽媽的。

一掛掉電話，我就立刻傳真給那位吠陀占星師，說我沒想到他會在這麼重要的事情上出錯。幾個小時以後，我接到了他的傳真回覆——

「去看望母親總是好的。」

我更憤怒了，難道他認為這是一個笑話嗎？真是太氣人了！

幾天後，我接到了姐姐米琪的電話：「珍妮，快回家，媽媽不行了。」媽媽似乎出現了意料之外的嚴重復發，而且拒絕接受生命維持治療。

我馬上搭了最近一趟航班，在飛機上的某一刻，我清楚地感應到媽媽走了。我是在冥想中忽然感應到的，不知道為什麼，我就是知道她已經離開了。

抵達洛杉磯後，我租了一輛車，飛快地開往醫院，我在心裡祈禱著，希望自己在飛機上的預感是錯的，我真的很想再見媽媽最後一面。我跑到了醫院櫃台，能感受到自己的膝蓋在顫抖，我問護理師，我能不能見見黛娜·米勒。那一刻我不禁倒吸一口涼氣，對她即將要告訴我的話有一種不祥的預感。

「哦，對不起親愛的，黛娜．米勒在今天早晨過世了。」她說。

當她看到我臉上震驚的表情時，脫口而出：「天哪，你是她的家人嗎？我以為今早來這兒的就是她所有的家人了。親愛的，真對不起！我帶你去旁邊的小房間好嗎？你可以在那兒靜靜地待一會兒，需要待多長時間都可以，你需要水嗎？有沒有什麼是我可以幫你的？」

「不用了，我沒事，我想先靜一靜。」

一進到小房間裡，我的淚水就止不住地往下流。不過，我哭了不到三分鐘，就忽然感受到一種心情的翻轉，一個大大的笑容不知不覺掛在我的臉上。我感受到一種無比完整的感覺，我感受到和媽媽之間深深的連結——我滿心都被愛和喜悅充盈著。

「不，你不能這麼做！」我呵斥自己，「要知道你的母親才剛剛過世！」

但是那個巨大而燦爛的笑容，又一次伴隨著排山倒海的愛而來。

「你給我停下來，趕緊哭！」我對自己說，「這可是你的母親！她過世了。你怎麼回事？現在快樂是不對的！你怎麼能這麼無情？」

但是無論我怎麼努力，那個愚蠢的笑容仍然止不住地在嘴邊咧開，一陣陣深層的幸福感向我不斷地湧來。

終於，我意識到我的感受並不在我的控制範圍之內，於是我向這股接管我的無與倫比賜福感臣服了（它在最不合時宜的時候出現），帶著浩瀚如宇宙的燦爛笑容走出了醫院。

我的腦海中冒出一個想法：「媽媽就在這裡，她現在很快樂。」那是一份無比清楚的感知：「天哪……媽媽真的在這兒……她真的很快樂！」

我一路高歌、無限滿足地開車飛奔向母親的公寓，希望姐姐米琪還在那裡。我迫不及待地想和她分享這個好消息，我知道媽媽在度過了艱難的一生後，終於解脫了，現在她真的很快樂。

在車裡面我能感知到一份祥和的存在，一個聲音說：「你已經完整了，你完成了你的彌補。」我的腦海中浮現「彌補」這個詞，我明白了它的意思是——「去彌合」。「你已經完整了，」這句話再次於我的內在無聲地響起，「你彌合了所有的創傷。那位吠陀占星師告訴你的，你都已經做到了。你完成了彌補，所以了無遺憾。」

那個聲音繼續說：「彌補的另一層意思是，在愛中一切已完成，阿們。」

這次經歷深刻改變了我的生活。它教會了我重要時機所蘊含的力量，也讓我再次認識了吠陀占星學的價值。吠陀占星學並不總是百分百準確的，但它是一個有益的工具，能幫助你有覺知地創造你選擇去創造的生活。

我們之所以與你分享這則故事，是希望你了解，如果我們知道事物可能朝著什麼方向發展，有可能會帶來怎樣不可思議的結果。將整個人生決策都依託於占星學預言是不可取的，但是，它們可以在你不得不做決策的時候，給予一些額外的參考。

把它應用到生命熱情領域的基本原則是：**對採取行動的時機保持敏銳的關注，以此來提升自己的成功機率**。

我們彷彿聽見你在說：「這算什麼祕密？每個人都知道時機很重要啊！」是的，我們都曾聽說過「時機決定一切」，不是嗎？

但是大多數人要麼僅聽過一些誤導性的謠言，要麼不知道有這麼一門學科，它可以基於我們開啟重大專案的時間來預測該專案的走勢，或者預測未來的成功機率。你可以運用這一門學科知識來好好規劃專案開展的時間，以便於最大化地提升自己的成功機率。你也可以運用這門知識來採取行動，防患於未然，就像珍妮特所做的那樣。

你可以這麼想：如果你準備在一個新計畫的宇宙高速公路上啟程，你既可以在交通壅塞、等得人心焦的時候上路，也可以為你的旅程規劃一個更合理的時間，等到道路通暢的時候再全速向前。

出門的時候，我們習慣看一眼即時交通路況；開啟一段長途旅行前，我們也會查看一下天氣預報，儘管天氣預報並不總是十分準確，但我們大多數人都覺得，聽聽氣象學家們的預測也是有價值的。

吠陀占星學是一門古老的學科，以類似的方式說明人們決定何時是開啟生命中重大活動的良機。在過去，吠陀占星學被定義為一門「時間決策的科學」。對那些持有懷疑態度的朋友們來說，這是一個嘗試開放的機會。誰知道呢？說不定你會大吃一驚的。

你有沒有發現世間萬物彼此相連？去分析事物的差異固然有助於我們理解事物的不同部分是如何運作的，**但如果你開始關注世間人事物之間的連結而非差異，你也會感受到生活和工作變得更加有意義，我所說的也包括去關注物理世界與你想做的事情之間的連結**。

你有沒有留意到大自然在迴圈運動？晝夜更替，潮起潮落，春夏秋冬，這些迴圈是地球運行時所產生的功能，與太陽和月球的運行軌跡息息相關，這些迴圈對我們的生命體驗也有著巨大的影響。吠陀占星學就是專門研究這些迴圈的學科，基於對地球的自轉和公轉、太陽系繞銀河系公轉的位置來進行推演。人類開啟此類研究的時間可以追溯到史前時代，許多人致力於理解大自然迴圈，理解該迴圈與人類活動之間的關聯，經過漫長的時間不斷地觀察，才形成了這門獨特的學科體系。

吠陀占星學並不是要告訴你，你的生命裡必然會發生什麼，它只是提供你對未來趨勢和可能性的一種預測。**命運並非已被寫就，但是有了這些知識，你就可以更好地規劃新專案落成的時間，或者是開啟一件新事物的最佳時機，以便於最大化地提升你的成功機率**。如果你能理解我們身處一個萬物相聯的宇宙當中，那麼將有一個無限可能的世界值得你去探索，然而大多數人都沒有這麼想過。我們誠邀你現在開始探索。

運用吠陀占星學的方法很簡單，你可以找一位合格的吠陀占星師來解讀你的星盤。你可能需要付費諮詢，吠陀占星師會解讀一下你人生的整體運勢，如果你不想付費諮詢，也可以從閱讀相關書籍開始。

通常在第一次諮詢裡，吠陀占星師會幫你籠統地看看你的人生運勢，他們會告訴你一些你過往可能已經經歷過和了解過的事，然後會告訴你未來生活的發展走向，在這一次諮詢裡你可能會獲得一些寶貴的資訊，了解自己從事什麼工作或活動最容易獲得成功。

在第一次諮詢後，你可以選擇做一次年度解讀，俗稱「流年解讀」，吠陀占星師會幫你推演接下來一年的運勢，給你一些何事值得期許、何時最適合開展重要活動的建議。我們最常使用的一項服務是用此來決定做某件要事的「吉時」。

對於人生中一些重大的事情，例如結婚、搬家、簽合約或開啟一趟冒險之旅，擇吉時而行會帶來極大的不同，那種不同甚至可能是一番掙扎挑戰的經歷和一趟輕鬆愉悅的旅途，這樣的天壤之別。這便是「趁著風和日麗時，揚帆起航」的意義。

一旦保持開放的心態，你或許會看到生命中開始出現各式各樣有趣的可能性。**我們的建議是保持開放、去聆聽、去親身試驗那些全新的可能，然後運用那些與你的人生體驗產生共鳴的工具和知識。你會發現，即便一開始保持開放會讓人感覺不舒服，但只要多去體驗幾次，你就會獲得無窮的樂趣！**

時機即一切，有很多人哪怕沒聽說過吠陀占星學，也能把握良機。理查·保羅·埃文斯為他的兩個孩子寫了一個長篇故事，這個故事最終成為了一本百萬級暢銷書《聖誕禮盒》。他的故事給我們帶來了啟迪，相信你也能從中有所收穫。接下來我們將與你分享他的訪談，閱讀的時候請留意，**當你滿懷熱情時，你的人生選擇題裡，沒有「失敗」這個選項。**

使命感會帶你去到任何地方

當理查·保羅·埃文斯寫下《紐約時報》金榜暢銷書《聖誕禮盒》時，還沒有想過自己有一天會成為國際暢銷書作家。那時他是一名行銷主管，也是一名在美國和日本市場屢獲殊榮的黏土動畫師，他是其所在州立法機構的候選人，最重要的是，他是一位丈夫和父親。

他筆下溫馨的故事講述了深刻的父愛，並娓娓道來耶誕節的真意。他自費出版的這本書很快就登上了美國精裝書和平裝書暢銷榜首，創造了歷史紀錄。如今，《聖誕禮盒》的發行量已超過八百萬冊。他也出版了其他作品《我的「有錢人計畫」》（*The Five Lessons a Millionaire Taught Me*）。

> 當初開始寫《聖誕禮盒》，是因為我體會到了自己對孩子們深深的愛，對我來說這是一種全新的體驗。其實一開始我並沒有想要孩子，後來決定要生孩子的時候，也沒有想過這會給我的生活帶來什麼影響。直到我有了孩子，才發現他們為我開啟了如此多嶄新的大門，也在各方面改變了我的生活。所以我才很想在《聖誕禮盒》這本書裡捕捉這份細膩的情感，我想與人分享這份撫養孩子帶來的喜悅。
>
> 寫《聖誕禮盒》的初衷並不是為了出版或暢銷全世界。我只是想記錄下那份珍貴的情感，這樣等到我的孩子懷抱著他們的孩子的時候，希望他們能理解父親對他們的愛。

一開始，我的想法只是把這本書影印兩份，給我的兩個孩子一人一份。可是寫完以後，由於整個書寫的過程讓我無比感動，我不禁想和更多人分享這本書，於是多印了一本送給我的妻子凱麗，而她也被這個故事深深打動了。

之後我開始想和親戚朋友們分享。我想，與其印兩本，不如印二十本吧！我們打算把它做為當年的聖誕禮物，送給我們深愛的家人和朋友。於是我走出家門，列印了二十本，把它們做為聖誕禮物一一送出，這便是一切的開始。

從那之後，幾乎每一天我都能收到讀完這本書的人的來電。大約六週之後，我接到當地一家書店撥來的電話。

店員對我說：「您好，埃文斯先生。您是不是寫了一則聖誕故事？」我說：「是的。」她說：「好的，那我們可以在哪兒訂購您的書呢？」

「沒有辦法訂購啊，因為這本書沒有出版。」我回答。她說：「但是這個星期我們已經收到了十份訂單呀！」

關於這個故事，我想首先需要記得的是，這本書是獨一無二的。從我寫完它的那一刻起，它便開始有了自己的生命力，有了自己獨特的發展軌跡。雖然今天我已經是一名更加精明的行銷人員了，但連我自己也無法再複製《聖誕禮盒》的成功。

一開始在寫這本書的時候，我意識到由於我自己對它充滿熱情，所以自費出版應該會更有優勢。因為如果你和大型出版社合作，它就成了一項商業出版企劃，雖然出版社很擅長這方面的工作，但他們有一百多本書要出，很有可能只會把你的書放在一邊，如果收益不佳，甚至還可能會放棄這本書。

我對這本自費出版的書十分用心，我願意為之戰鬥，我相信它的命運。我堅信只要人們讀到這本書，就一定會有所改變，事實也的確如此。

我還記得我第一次見到傑克・坎菲爾和馬克・維克多・漢森的場景，當時我正在舉辦自己的第一次新書簽售會，那個時候《心靈雞湯》叢書已經開始騰飛了。我當時的想法是：「我要舉辦新書簽售會，給五千個讀者送書，我相信如果這五千人讀了我的書，他們就會傳播出去，然後我的書就能成為暢銷書了。」

我開始採取所謂的「游擊行銷」戰略，我知道現在已經有專門的書在講這種戰略，但在專業書籍出版之前，我就暗自這樣命名了。這種方法就像是：「好，如果我無法打贏和大型出版商之間的行銷戰，有沒有別的方法我可以勝出呢？」我想，雖然我不是一條大魚，但至少我可以做小池塘裡的中型魚，我可以在小型市場裡嶄露頭角。

我可以去那些無人問津的小城市，找機會登上當地的電視台，因為他們也在尋找可以談論的素材。我可以和他們探討我的書，慢慢就能了解什麼樣的人會與這本書產生共鳴；我會了解到讀者為什麼會喜歡這本書，書中的哪些部分最打動他們，以及為什麼他們會想把這本書分享出去。一旦我了解了這些東西，我就可以接受更多的電台採訪，全國各地的經銷商就會找到我，因為每做一次採訪，當地的書店就會收到四五通訂購電話，人們會開始詢問這本書。

我不知道你是否研究過前美國總統雷根（Ronald Reagan）的生平。他早年在通用公司工作，那時他非常討厭也不擅長演講，根本無法吸引別人的注意力。但隨著他演講的次數越來越多，他開始下定決心：「我一定要非常精通演說。」於是他勤奮努力，逐漸掌握了要領，最後在歷史上被公認為是一位「偉大的演說家」。

我的第一次《聖誕禮盒》採訪做得並不成功，那個時候還不是電台採訪，我只是在自己的新書簽售會上與人交流。人們會走過來問：「這是什麼書？」一開始，每次我回答完後大家就會立刻走開，毫無興趣。但有一天，我無意間提到了一些要點，有人說：「哦，聽起來很不錯，我想買一本。」於是我不斷在這個過程裡探索，學習如何找到新的賣點。

到最後我發現，半數以上與我交流過的人都會購買我的書。我越來越知道這本書的賣點在哪裡，我掌握了介紹它的技巧，還能夠充滿激情地去描述。如果我對這本書漠不關心，我不可能有這樣一份高昂的熱情，人們因為感受到了我的熱情，也想感同身受，所以才願意買下這本書。一旦他們讀完這個故事，就會回購更多，因為他們也想把這份美好傳遞給更多人。

我覺得任何時候，一旦一個人開始追尋熱愛，都會受到來自命運的考驗，會有一些事情發生來考驗你的熱愛程度。

有一天，我參加了科羅拉多山野書展，當時我的錢不多，但我拿出所有積蓄去推廣這本書。我去到書展，想在那裡分享我的書，結識一些書店老闆。但是根本沒有人來主展區，我焦急地等待了許久，終於忍不住問一位路人：「大家都去哪兒了？應該有上千人來書展的，為什麼大廳裡一個人也沒有？」他說：「哦，因為大家都在那邊看那些有名的作家。」

我拖著我所有的書走出大廳，果然，出版商那天請來了全美最知名的作家來開簽售會。所有的書店老闆只要排著隊就能領到作者的免費簽名書，領完以後再重新排隊，等待下一波知名作家的到來。

我就站在那裡，看著這一切，看著我夢想的破滅。因為我只是一個無名小卒，沒有人在意我在這裡，沒有人認識我是誰。這裡有那麼多知名人士，我只能坐在這裡目睹這一切的發生。

突然間，一個念頭閃過我的腦海。我抬頭看到簽售桌那邊有一個空位置，我心裡想：「除了展場保全和工作人員，還有誰可以阻擋我走過去和那些作家們並排坐在一起呢？」我看著那排桌子，心中有些膽怯。我想，不可能的，我不可能做到的，因此轉身準備離開。

但是突然間腦海中又有一句話擊中了我：「你到底有多在乎這本書？」這的確是一個來自本能的誠實瞬間，我的回答是：「嗯，我真的非常、非常在乎。」那麼，「如果你不去做，誰做？」我咬咬牙，轉過身，徑直走過去，穿過簾幕，從後面繞到了簽售席，坐在兩位暢銷書作家的中間，忐忑萬分。接著，我能料到最糟糕的事情也發生了，一位工作人員不出所料地立刻看見了我。

那位女士朝我走過來，就在她停在我面前的時候，我抬起頭對她說：「對不起，我遲到了。」聽到這句話她很驚訝，她看了看我，眨了眨眼睛，然後說：「我給您倒杯水好嗎？」我說：「好的。」

我就坐在那裡，坐在那些暢銷書作家的旁邊，為排著長隊的人群埋頭簽書。第二年，我剛好又來到這裡，當時我已經成了全美暢銷書作家，也是那一年主題書展的專訪作者，人們專程來看我。

那位女工作人員依然在那裡，我走上前對她說：「或許您還記得我？」她笑了，說：「記得！我真的很為你高興！」我說：「謝謝你當時沒把我趕出去。」她說：「其實我本來是準備請你走的，畢竟這是我的職責。但當你抬起頭的時候，我看到了你眼神裡篤定的光，所以我想，讓你在這裡又有什麼關係呢？這裡有一個人正在追尋他的夢想，可能有點瘋狂，但是，讓他坐在這裡簽書，不會對任何人帶來傷害。」所以她沒有把我趕出去，反而給我倒了一杯水。瞧，現在這給我們兩個人都帶來了怎樣的幸運！

對我來說，我自問「是不是真的對這件事情有足夠熱情」的那一刻，就是一個考驗誠心的時刻。很多人事後都對我說：「你好幸運啊！」但其實不是這樣的，他們不知道我為了這本書可以去戰鬥，我甘願去做讓自己不舒服的事，我願抓住一切可能的機會，我願不惜一切代價去努力。這道選擇題裡，沒有失敗這個選項。

一旦你擁有了那份熱情，命運也會為勇者垂青，頃刻間一切將會開啟。你依然會掙扎，你依然要戰鬥，但最終你會贏。

在以上內容中，如果你什麼也沒有記住，請務必記得這一點：並不是拋開所有困難與挑戰以後，我們才能成功；我們的成功恰恰來自於這些困難與挑戰。我想再重複一遍——恐懼是信任的對立面。恐懼是你看到現狀後感受到的一種感覺。你不可能同時兼具恐懼與信任，因為信任是另一種心智狀態。恐懼可以幫助你認清現實，它能夠為你服務，這是一件好事。但當你準備好要前進的時候，就不要再詢問恐懼的意見了。你要將它釋放，就好像是，好，現在我要克服恐懼了，我相信我能做到！

無論你想要達成的是什麼，擁有使命感都是萬事的開始。我對《聖誕禮盒》這本書有一種深刻的使命感，一旦你有了那種使命感，它就會帶領你去到任何你需要去的地方。這是我們所談論的這一切的基調，如果沒有了那份使命感，如果你不相信自己的生命有神聖的目的，那麼命運就成了一趟充滿不確定性的險途。

在這則關於活出生命熱情的訪談中，有哪些要點？

1. 當你與自己真正該做的事校準一致的時候，你需要的支持力量會到來，機會的大門會在意想不到的地方為你打開。
2. 有時候，如果你對某件事情充滿熱情，自己躬身入局會更有優勢。比如，理查的書如果交給大型出版社，可能就不會像他自己全權負責那樣成功。
3. 充滿熱情並不意味著你一開始就擅長自己想做的事，但如果那是你追尋熱愛的必經之路，不斷地實踐終究會帶你抵達遠方。
4. 一個人的熱情是有感染力的，人們聽到你描述自己熱愛的事，會受你感染，從而願意參與其中。
5. 任何時候，一旦你開始追尋熱愛，你都將經受命運的考驗，會有一些事情發生來考驗你的熱愛程度。
6. 當你滿懷熱情時，你會願意為你的熱愛而戰、做不舒服的事、把握機遇、勇敢冒險。
7. 並不是拋開所有困難與挑戰之後，我們才能成功；我們的成功恰恰來自於這些困難與挑戰。
8. 成功源於不斷試錯並從中學習。
9. 恐懼是信任的對立面，你不可能一邊恐懼一邊信任。當你準備好了要前進的時候，請放掉自己的恐懼。

10. 對滿懷熱情的人而言，人生選擇題裡不再有「失敗」這個選項。

11. 一旦你擁有了使命感，那份使命感會帶你去往任何你需要去的地方。

第11章

助人就是助己

「所有的生命都富有價值。那價值並不源於你得到了什麼，而僅源於你給出了什麼。」

——傑·亞伯拉罕，美國行銷之神、
《行銷天才思考聖經》作者

我叫羅倫娜・艾斯皮諾莎，今年三十三歲，來自墨西哥。我有兩個女兒，我和我的丈夫是在網路上相識的，我們相識之後，他很快就飛到了我的國家，認識五個月以後我們就結婚了。我知道，這太快了！當時的我還沒有想過這一切對我來說會是多麼不容易：去一個新的國家開始全新的生活、學習一門新的語言、思念我的家人、適應人妻的新身分等。

我的丈夫比我年長十九歲，他有時候脾氣很暴躁，一開始我面對他的脾氣也很手足無措。我非常孤獨，真的感覺非常糟糕，時常陷入憂鬱的情緒，甚至一度輕生。我開始服用百憂解，生活也變得壓力重重。

但那個時候，我偶然發現了《喚醒原動力的熱情測試》，您的書觸動了我！我開始努力改變生活，我寫下熱情清單，做了測試，其中最重要的三條熱情是：

當我過著完全理想的生活時——

1. 我的工作卓有成效，幫助了許多人擁有更棒的生活，給他們帶來了生命的啟迪。
2. 我掌握了生活的主導權，能夠支持自己還有照顧好我的兩個女兒、遠在墨西哥的家人。

3. 我按照自己的價值觀生活，身邊都是幸福的人。

現在，離我第一次做測試已經過了九個月，我的生活變好了很多。熱情測試幫助我重新發現了自己到底熱愛什麼、想要過什麼樣的人生。雖然現在仍有一些問題還沒有按照我所希望的方式解決，但許多事情都有了很大的進展。我發現，我已經很久沒有像以前那樣憂鬱了。

在我第一次做熱情測試的時候，當時我還在一家辦公用品商店上班，每小時的收入為七．五美元。我覺得收入太低了，所以又選擇週末在一家百貨商店打工，每小時也只能賺八．五美元。那時我還沒有開始做我喜歡的工作。

我其實很喜歡與人交流，幫助他人成長。那時候，我也已經加盟了雅芳代理商七年之久，但我一直沒有投入太多時間在這個事業上。直到有一次我失去了工作，才想起自己喜歡做的事，我忽然意識到雅芳的事業其實就能讓我做自己最熱愛的事。所以不久後，我開始前所未有地投入到雅芳的事業上。

我開始積極地舉辦活動，做一些賦能培訓和我最愛的事：站在台前分享，讓人們改變生活狀態。我除了和人們介紹雅芳，還與人分享個人成長的重要性。上個月我辦了一次活動，有很多人來參加，我的下一場活動會在一家很棒的飯店舉辦。就在這麼短的時間內，我的客戶從二十五人增加到八十一人，而且人數還在不斷地增長。我大多數顧客都是西班牙裔，我也在不斷晉級，現在收入比以前好多了，我可以一邊做我愛的事，一邊在家裡陪伴我的孩子。

熱情測試打開了我的視野，也為我打開了機遇之門，讓我能夠去追尋我真正愛做的事。就好像「魔法」發生了一樣，一切都開始順利起來，甚至我的丈夫也開始控制他的脾氣了。當然我倆仍需要努力改善我們的關係，但我覺得比從前容易多了，因為我已經見證了自己可以做熱愛的事，我相信我也有能力在人際關係領域有同樣的成長。

珍妮特和克里斯的書一直放在我案頭，它一直提醒著我，想要幸福，我需要去做自己內心真正熱愛的事。

幾個月後，就在本書即將出版前，我們又收到了羅倫娜的來信。以下是她最新的進展：

我真的很想告訴你們，現在我覺得生活好極了！連我自己都難以置信，現在的我居然能夠每天感覺這麼好。每天早晨醒來，我都會再一次想像我的理想生活——而我的現實生活也在逐漸變得明朗。

就在一週前，我的丈夫給了我一千美元，幫我選了一輛車。雖然剩下的錢需要我自己付，但至少我擁有屬於自己的車了，我可以自己開車去任何想去的地方，這對我來說就是一個奇蹟！以前我總是得等到丈夫有空的時候才能載我，但現在我擁有了主控權，可以自由出門的感覺真好。

我的雅芳團隊也在突飛猛進地發展中，現在我已經有了一百五十個團隊成員，而且每一天都有新人加入，我也晉升成為行政總監，我打算繼續成長。以前我在零售商店工作時，是以時薪制來獲得酬勞，但現在我的收入是依據我的績效來評定的，相比以前，我現在賺得更多了！雖然我還不算富有，但這也只是暫時的！無論如何，我現在可以做自己喜歡的事了，我很喜歡與人相處，喜歡去幫助他人。

感謝這本書幫助我開啟了快樂的生活、我所熱愛的生活。

羅倫娜的故事也給了我們一些啟迪，裡面包含了活出熱愛人生的兩大法則：**第一，當你**

開始遵循你的熱愛做出選擇的時候，生活就會以你意想不到的方式開始發生改變；第二，將現有的生活與真正熱愛的生活不斷校準是一個過程。生命中仍然有挑戰需要我們去面對，但是，當你走上自己所熱愛的道路，並且不斷聚焦於生命中發生的美好事情時，那些挑戰會變得更加容易解決。

此處的關鍵是，我們不應自設路障。在這個世界上，能夠阻擋你活出自己熱愛人生的東西只有這三樣（其實是同一樣），它們分別是：

- 不真實的想法
- 不真實的理念
- 不真實的信念

不真實的想法、理念和信念是指那些你信以為真，但完全與事實不符的想法。比如，認為「我沒有價值」、「我做不到」、「我不夠好」就是典型的不真實信念，這些信念會阻礙你順利行駛在圓滿人生使命的宇宙高速公路上。

宇宙高速公路行車指南

前面我們分享過「你所熱愛的事與神希望你去做的事是一致的」。或許有人會想：「酗酒者喜愛酒精、吸毒者喜愛毒品、放縱者性愛成癮，這怎麼可能是神希望他們做的事？」這裡人們所說的酗酒者對酒精的「愛」，和我們所指的心之所愛、生命熱愛截然不同，我們指的是那些生命裡你最深愛的事物。

珍妮特對此深有體會，以下是她分享的一段人生經歷。

珍妮特：小時候，我和媽媽親密無間，她常稱我為她的「小天使」，我們的關係好到分不開，她走到哪裡幾乎都會帶上我。還記得我得去上幼稚園的時候，一想到我們沒辦法整天在一起，我倆都哭紅了眼。有時媽媽覺得我倆分開的時間太長了，就會找藉口提前去接我放學，只為能與我多待一會兒。我真的很懷念那些時光，那是我生命裡最幸福的時光。

但在我七歲的時候，一切都驟然改變了。媽媽當上了髮型師，但同時也開始酗酒，每晚都喝到醉醺醺地回家。為此爸爸和她常常陷入激烈的爭吵，他們對彼此說的那些刺耳寒心的話不斷傳到我的耳朵裡，使年幼的我痛苦不已。

那曾經夜夜哄我入眠的美麗動聽聲音消失了，那些能待在媽媽身邊的日子也不復存在了，取而代之的只有一個不幸的女人，每日醉得神志不清，每晚都只能靠家人把她抬到床上去。爸爸不斷地勸阻她、央求她或要求她停止酗酒，就這樣好幾週、好幾個月過去了，結果爸爸非常失望，最後把我和哥哥妹妹一起抱上車，憤然地離開家，只留下媽媽追在我們的車後，央求他再給她一次機會。我無法形容當時我多麼地心碎。

在那之後的很多年，媽媽在她給自己建造的地獄般生活裡越陷越深。我還記得我搜遍洛杉磯大街小巷那些常年被跳蚤光顧的汽車旅館，最後找到媽媽時，她醉得不省人事。當然，很多年後，媽媽成為了一名基督教會信徒，終於扭轉了終日酗酒的習性，過上了安靜守中的生活。

現在回首這一切，做為一個成年人，我能理解媽媽當時是在用酗酒來麻痺自己，讓自己不用去感受那種無價值感、無用之感的痛苦。在她很小的時候，她的父親曾經對她進行性騷擾，還將她從母親身邊拐走，不准她再見自己的母親。在我媽媽內心深處，始終有一種害怕被拋棄的恐懼，這來自她的童年經歷。畢竟，以一個孩子的角度來看，她會想為什麼我會被媽媽拋棄呢？一定是因為自己不夠可愛、不夠好。酗酒只是一種讓人絕望的嘗試而已，她企圖用這種方式來終止內心的痛苦。

酗酒者也好，吸毒者也好，性放縱者也好，他們並不是出於愛去做那件事，而只是出於渴求。他們渴求那些能讓自己感覺好起來的東西。這裡你有看到我們所說的「假信念」存在嗎？熱愛和渴求是兩種截然不同的狀態。

渴求源自匱乏感，因為極力想要用某種東西填滿內心的缺失，緩解自己無法承受的巨大痛苦。珍妮特的媽媽覺得自己沒有價值、不夠好，去體會這種感覺太痛苦了，因此她努力用酗酒去壓抑這份痛苦。

而這些痛苦的感覺其實只是大自然導航系統對我們的指引，它在試圖告訴我們該停一停了，該去做出改變了，是時候好好照顧自己，好好滋養自己了。如果你忽視這個訊號，用酒精、毒品、性愛、食物或任何令自己上癮的東西來麻痺自己，你就是在沿著那條通往悲慘的路線每況愈下。

與之不同的是，你內心深處最熱愛的是生命最重要的那些事物。它們由心深處發生，將你無可抗拒地牽引到你的天命旅途，把你與真我最深刻的部分連結在一起。一旦與心之熱愛校準，你會感受到心為之打開、舒展和跳動，心中的熱愛會帶領我們沿著那條通往與日俱增的喜悅和圓滿的路線，不斷向上、向上。

這便是大自然導航系統為何如此重要的原因。對欲望的追求只能使我們短暫快樂，這稍縱即逝的快樂很快就會變為一種更可怕的收縮。如果忽視這種收縮，逃避痛苦的感受，只會讓自己越來越快地跌落到更痛苦的深淵。

我們可以用更能支持生命發展的方式來改變行為，例如下定決心加入康復中心、去做心理諮詢或其他有益的方法，這樣做能夠予人希望，助人舒展。等到舒展的時刻，那便是採取行動、向前邁進的訊號。

清楚地知道最能讓自己充滿熱情的事物是什麼，深刻地理解大自然的收縮與舒展法則，追尋天命真的就會變得輕鬆，毫不費力，請記住：

無論何時，當你面臨一個選擇、決定或者機遇之時，永遠選擇你的熱愛所在！

這意味著時常詢問自己的心：「做這樣的選擇會讓我更接近心之熱愛，還是偏離熱愛？」

如果是更貼近，那就做出那個決定；如果是偏離，那就學會說「謝謝您的邀請，此刻我不想這麼做」。

做出決定後，請留意大自然導航系統給你的指引。感覺到收縮的時刻，就休息一會兒，放鬆片刻，回到內心，給自己鬆綁；感到舒展的時刻，就重振旗鼓，邁開腳步，勇往直前，並享受隨之而來的成就感和滿足感。

這個世界上已經有人非常順利地飛馳在宇宙高速公路上，他們享有很大程度的成就感和滿足感，因而吸引了許多人視之為榜樣。普賈・斯瓦米吉・奇丹南德・薩拉斯瓦特（Pujya Swamiji Chidanand Saraswati）就是這樣一位典範，他在印度廣受數百萬人的敬仰，他是帕瑪斯尼克檀精舍的精神源頭，該舍為印度瑞詩凱詩恆河岸邊的一個道場。無論我們有沒有宗教信仰、有什麼樣的精神發展方向，你都能從他的話語中發現一些適用於所有人的普遍真理：

> 我們手中並沒有魔法棒，不能隨便一揮就為自己創造出完美的生活。但生活本身就是魔法，你需要全力以赴，承諾去創造自己想在未來實現的那種生活。如果你想獲得愛，那麼非常簡單，你就去給出愛；如果你想擁有朋友，那就去成為他人的

良友；如果你想與神連接，那就去主動連接，祂一直在等待你。

我們要明白：「我是神聖創造的一部分。神性是完美的，所以我也是完美的；源頭是神聖的，所以我也是神聖的。生命會如其所願以正確的方式展開。」

你是神聖創造的一部分，祂是神聖的，你是神聖的；祂是完美的，你是完美的。當然，我們各不相同，我們都有不同的優缺點，但我們每個人也都以自己的方式獨特而完美地存在。每個人在這個世界上都有自己獨特的使命要完成。

為世界服務、為他人奉獻是至高無上的喜悅。我不僅僅從我的人生經歷中見證了這一點，也從無數人的人生經歷中見證了這一點。

如果有人給我們一些好東西，我們會片刻歡心，我們會變得快樂，但那快樂並非一直存在。只有當我們由衷去給予時，我們才會始終快樂。你可以在很多地方看到這一點，尤其是從孩子們身上。如果孩子們得到了新玩具，他們只會欣喜片刻；但如果你帶孩子們去看望貧困孩童、生病的孩童，你會看到他們透過與他人分享自己擁有的東西，體會到更深層的滿足。

之所以會有這樣的不同體驗，是因為這是神聖計畫的一部分。我們被安排到地球上來，就是為了去給予和奉獻。

實現目標的捷徑

這是一個迷人的悖論：要想擁有自己想要的一切，你需要幫助他人擁有他們想要的一切。雖然像普賈．斯瓦米吉這樣的修行者運用了靈性語言來闡述這個法則，但要對這個法則有所體驗，你並不需要非得成為一個修行者不可。

這個法則在商業領域同樣適用，企業成功的根基在於該企業為客戶提供了多少有用的價值。提供價值，顧名思義就是幫助他人擁有他們認為有價值的東西。

我們的朋友兼同事傑．亞伯拉罕會告訴你，他不是一個特別有靈性的人，但他在整個職業生涯裡一直恪守著這一原則，也因此有了豐盛的財富、美麗的家，能夠坐頭等艙去往世界各地，獲得了大多數人羨慕的成功與社會認可。以下是傑在訪談中所提到的觀點，他講述了忠於熱愛的重要性，以及助人助己的重要性。

傑．亞伯拉罕曾與一萬多家中小型企業合作，幫助其增加營收，有些企業的營收表上因此增加了數十億美元收入，難怪《富比士》（*Forbes*）雜誌將他評選為「全球五大傑出商業決策教練」之一，認為他的專長是「讓業績不佳者變成行銷奇才」。

傑被公認為在提升績效和業務資產最大化等領域是獨樹一格的權威，他培養了一代行銷專家與顧問，他們都視傑為重要導師，網路上有將近兩千個網站引用了傑的成功案例，他著有暢銷書《小技巧大業績》（*Getting Everything You Can Out of All You've Got*）。以下是傑的訪談，他分享了自己在生命裡最熱愛的是什麼，以及創造想要的人生到底需要什麼：

> 對於尚未實現自己所有目標的朋友，無論你現在處在什麼樣的年紀，有個非常棒的事實，那就是無論你是否能實現這些物質目標，何時能實現這些物質目標，它們本身都並不會給你的生活帶來改變。
>
> 擁有足夠的經濟安全感、能夠住在自己想住的地方、吃上自己想吃的東西、擁有自己想要的裝飾品固然是不錯的。但是，一旦你得到了你想要的「東西」，你就會發現，比起物質、名聲和地位，生活還有遠比此更廣闊的天地。
>
> 我做了不少，擁有了不少，也經歷了不少。但隨著年齡漸長，隨著對健康越來越關注，看著孩子們逐漸長大，看著所愛的人相繼離世，還有看到自己和對我來說最重要的人之間不再如我所願的那麼親近，我開始放慢腳步，重新校準，看看到底哪些元素真正重要。

如今，我最熱衷的一件事是保持生活的平衡。曾經我是個工作狂，瘋狂地工作，一天工作十八個小時，全年無休，有時淩晨兩點還在開會。但現在，只要妻子打電話給我說：「一起吃午餐吧！」除非我有極其重要的會議，我一定會停下手頭的工作和她共進午餐，因為從長遠的眼光來看，這是更加重要的事。我想要平衡——在經濟、智力、精神、身體、性愛等各方面都保持健康和平衡的投入。

如果你無法熱愛某件事、真愛某個人，你其實不應該占有這件事和這個人，因為這麼做是在竊取他們和你自身本可以擁有的被熱愛充盈的人生。我們何必對一件事情僅持有一半的興趣？我們何必去做那些僅僅能得到減半的結果、減半的成效、減半的回報之事？豐盈的熱情可以讓一個人得到巨大的回報。投入你全部的熱情可能是一種最自私的狀態，因為你反而會從中獲得更多。

內心充滿熱情會讓一個人獲得巨大的正面效益；反之，忽視自己內心的熱情，會讓我們付出慘痛的代價。從積極的角度來看，我熱衷於看到創業者超越自我；我熱衷於探索還能從日常生活、投資、機會、廣告和競爭環境中發現多少可能性；我熱衷於幫助人們打破限制、擁有更宏大的願景，因為我知道他們能夠完成什麼；我熱衷於讓客戶或企業充滿信心，因為我知道他們可以為他們的社區、市場和潛在客戶做出更多的貢獻——正是這些推動著他們創造出了數十億、數百億美元的收益。

因為我相信我的客戶，最終他們也變得更相信自己。

在我的個人生活領域裡，我還沒有為我所熱愛的事全力投入。我把太多的時間花在了事業上，這造成了我人際關係方面的部分缺失。這是雙向的，缺乏熱情會讓你付出高昂的代價，有時候你甚至不知道那個代價是什麼，因為那是一份複合帳單，等到帳單到期的時候，你才會感到非常痛苦。

熱情需要平衡，熱情需要遍布在生活的每一個角落。如果你無法感受到那股熱情，如果你無法愛上你正在做的事、與你一起做事的人、你為之服務的人，你會有慚愧和遺憾，要做就百分百地投入吧！

如果我是你，如果我是你們每一位讀到這些文字的人，我就會去做一做克里斯和珍妮特發明的熱情測試，從明天早上開始重新審視生活中我與之相處的人。如果你的妻子、丈夫、某個重要的人、孩子或其他家庭成員讓你感到受挫和厭倦，如果你覺得你沒有從他們身上得到你想要的東西，或者你感到委屈和窒息，那麼請開始重新去尋找他們身上的優點。

尋找他們身上真正美好的地方，找到一個他們身上非常酷、非常有趣、非常神奇、非常令人驚嘆、非常美好、非常了不起的地方，每天持續這樣練習。想想你最喜歡他們的地方是什麼；想想他們最令人印象深刻的地方是什麼；想想他們最美好的貢獻是什麼，無論是在職業道德方面、自律方面、生活樂趣方面還是其他方面，無論那是否是你所敬佩的，都去欣賞他們，開始去理解他們。

在生活中，你的職責就是去觀察、探究、欣賞、理解和尊重別人與你看待同一件事的角度有多麼不同。或許你並不百分百認同他們，但只要你保持客觀、不帶成見地去欣賞、尊重、探究、觀察，你就會發現這會讓我們的生活變得更加立體、迷人、有趣、富有教育意義，以及帶來更加豐富的資訊。

人生的意義在於「價值」，價值不是你擁有了什麼，而是你給出了什麼。我們需要去理解什麼對他人而言非常重要，而不僅僅關注自己。我必須問自己，我如何才能和妻兒擁有非凡美好、幸福溫馨的關係？

你覺得如果我對著他們大喊：「嘿！你們這些傢伙！我想要的是連結！」這會奏效嗎？還是你覺得我先認真理解什麼對他們而言是重要的、他們喜歡什麼、他們享受做什麼、什麼可以讓他們感到喜悅、感到振奮、什麼能給他們帶來真正的幸福感，也就是我率先主動在這些層面上與他們連結，這樣成功的機率會更高？

我想說，這真的很簡單，這麼做很純粹，這種純粹很優雅。想想什麼是對他們而言真正重要的東西，無論這個「他們」是誰，是你的企業還是老闆，只要你與人共事，就去看看他們當下正在努力解決什麼問題，去弄清楚什麼可以使他們更有安全感，什麼可以使他們更成功。

面對位高於你的人，去弄明白怎樣可以讓他們有更大的收穫，怎樣可以幫助他們得到好的晉升，怎樣可以幫助他們獲得更廣泛的認可，如果你這麼做，你也會獲得你想要的東西。

我們太沉迷於我、我、我了。如果你想要獲得自己所渴望的東西、獲得比自己渴望的還要好的東西，真正的捷徑便是重視他人的需要，關注他人的所需、所想、所願，並盡力去幫助他們實現。這並不是操縱，而是一份巨大的喜悅。幫助他人成長、發展、獲得滿足和豐盛，也會令我們自己倍感成就與喜悅。

你會發現如果你想要成功，必先使他人成功；如果你想要被愛，必先給出愛；如果你想要獲得樂趣，必先對他人感興趣。你所想要的正是你先要去給予的，然後，你會發現自己反而會獲得豐碩的成果。

大多數人都問錯了問題，正確的問題並不是「我值得擁有這個目標嗎？」，而是「這個目標值得我去擁有嗎？」一旦你意識到你還能做多少，還能影響多少，還能貢獻多少，還能取得多少成就，還能多大程度上讓他人的生活更豐富——無論是有形、無形、精神、情感、身體等各個層面上都更豐富；一旦你意識到你可以透過自己的工作、自己的存在、自己與他人的相處來給予他人更多幫助，那麼你就會提高進步的標準，敲碎那些虛假的天花板。我的目標就是讓更多人做到這一點。

大多數人尚未在財務和情感層面實現自己想要的那種充實的生活，這其中最大的原因是我們仍在以自我為中心。但是，所有的成就都不只是與自己相關，而是與每一個他者相關。當你讓生命中出現的每一個人的生活都變得更好的時候，你的生活也會自然變好並且無限擴展。

愛上他人，愛上你為他們所做的事，明白你的人生意義在哪裡。

如果你不先經歷這個清楚有效、永恆不變、毫無偏差的過程，那麼為自己尚未取得的成就去鞭打自己就是魯莽的。真心去幫助他人可以使你更快、更輕鬆地得到你想要的東西。如果你能把注意力從僅僅關注自己，轉去關注你能為他人貢獻什麼，那麼你不僅能夠實現自己想要的東西，還能輕鬆超越你為自己設定的目標。

關於活出熱愛的人生，這則訪談主要告訴了我們什麼？

1. 物質目標本身並不會改變我們的生活。
2. 我們何必只對事物投入一半的心力？全心投入、充滿熱情才會帶來豐厚的回報。
3. 缺乏熱情會讓你付出高昂的代價，有時候你甚至不知道那個代價是什麼，因為那是一份複合帳單，等到帳單到期的時候，你才會感到非常痛苦。
4. 從親密相處的人身上找到他們非常酷、非常有趣、非常令人印象深刻、非常了不起的優點，開始去欣賞和理解你最親近的人。
5. 人生的意義在於「價值」，價值不是你擁有了什麼，而是你給出了什麼。我們需要去理解什麼對他人而言非常重要，而不僅僅關注自己。
6. 如果你想要獲得自己所渴望的東西、獲得比自己渴望的還要好的東西，真正的捷徑便是重視他人的需要，關注他人的所需、所想、所願，並盡力去幫助他們實現。
7. 你會發現如果你想要成功，必先使他人成功；如果你想要被愛，必先給出愛；如果你想要獲得樂趣，必先對他人感興趣。你所想要的正是你先要去給予的，然後，你會發現自己反而會獲得豐碩的成果。
8. 想要找到自己的熱情，想要讓生活更平衡，就要去擴展自己，多多自我對話並且探索不同的現實可能性。

9. 正確的問題並不是「我值得擁有這個目標嗎？」，而是「這個目標值得我擁有嗎？」

10. 大多數人尚未在財務和情感層面實現自己想要的那種充實的生活，其中最大的原因是我們仍在以自我為中心。但是，所有的成就都不只是與自己相關，而是與每一個他者相關。當你讓生命中出現的每一個人的生活都變得更好的時候，你的生活也會自然變好並且無限擴展。

第12章

信任程度決定行動速度

「信任是動力的一種偉大形式，促使你釋放才華、能量與激情，透過被他人信任，也給予他人信任，你將能夠釋放自身的能量與熱情。」

——小史蒂芬．柯維（Stephen M. R. Covey），演說家、作家、顧問

我叫奧托，今年七十五歲，我患有第二型糖尿病和冠狀動脈疾病。過去我在中國一所醫學院教過一年半的英語，我很熱愛那份工作，我能夠給學生們帶來很棒的影響，也一直夢想著能夠再回到中國教書。

在發現熱情測試之前，我曾有一年半不斷嘗試申請到中國去教英語會話，但都沒有成功。中國人非常尊重和孝敬長輩，但是他們認為老年人不應該再辛苦工作了。我發現自己也接受了這些信念，而且我很多朋友都說我年齡太大，再去海外教書已不太現實。

我第一次做熱情測試的時候，寫出了我的一大熱情：「當我過著理想生活時，我在中國非常宜居的地方有一份屬於自己的工作。」在那之前，我已經被二十多所中國學校拒絕。

但就在做完熱情測試後一週內，我就收到中國桂林一所學校的郵件，郵件中說如果我仍然對這份工作感興趣，請致電金伯利。我馬上打電話給金伯利，她透過電話對我進行了面試，在通話的最後，她說她需要稍後回覆，不久以後我收到第二封郵件，金伯利這樣說：「我會盡力說服我老闆聘用你的。」此後，我又陸續收到幾封郵件，現在，我已經置身於這個叫做「桂林」的人間天堂一個多月了！

> 中國有句俗話說：「寧做桂林人，勝似做神仙。」這裡是喀斯特地形之鄉，過去一千多年來無數文人墨客以此地為主題，創作了許多優美的繪畫作品與膾炙人口的詩句。這裡空氣清新宜人，天氣暖和的時候，當地種植的桂花樹散發出沁人心脾的花香。群山常常在薄霧中若隱若現，彷彿潑墨山水畫中的場景般神祕。
>
> 回看發生的這一切，我意識到我之前的信念是「我太老、太衰弱了，無法再追尋自己的熱情了」。熱情測試以某種方式讓我超越了這些信念，使我更加清楚和充滿能量，讓我可以在生活中實現這一熱情。現在，我不再過著盼望發生改變的生活，而是切切實實地活在夢想的生活中。

最近我們又收到奧托的最新近況。在桂林待了一個月後，他得知自己的一位親人患了骨癌。和珍妮特一樣，他最重要的熱情在那一刻轉變了，在那個當下，回到家中陪伴家人比留在桂林更加重要，所以他回家了。他在桂林度過了美好的時光，而現在他和最愛的人在一起。

誠如前文所提到的，你永遠不知道你的熱情會將你帶往何方。但你可以清楚知道的是，經由保持開放的態度，與熱愛相校準，你始終會與生命中最重要的事物相連。

在本書快要完稿的時候，有一次我們要從愛荷華州前往芝加哥開設一期熱情測試協導師認證課程，珍妮特想到，如果我們乘坐火車而不是開車去，我們就會有更多時間來寫作。

在那趟火車上，我們遇見了一位外號叫「克朗奇」的脾氣暴躁老水手，他皮膚黝黑，飽經風霜。起初他態度粗魯，一點兒也不健談。如果你沒有珍妮特．艾特伍德那樣好奇的天性和足以獲獎的堅持不懈，很可能就會錯過下面這則她從他那兒窺探到的精彩故事了。他的故事正好揭示了當一個人對生活保持開放態度的時候，可能會經歷些什麼。有時候你的熱情會直直走向你，而你只需要說「好！」就可以了。

「克朗奇」的真名叫作羅伯特．鮑比．達克斯坦因，下面就是他的熱情如何自找上門的故事：

一九七四年的某一天，我翻開了一本《國家地理》（*National Geographic*）雜誌，在那上面看到了一張照片，照片裡是三個玻里尼西亞女人，我到現在還保留著那本雜誌的副本。

我不記得當時的照片標題具體是什麼了，但大意好像是「這些大溪地的玻里尼西亞女人和有著歐洲血統的女人，可以隨時對分配給她們的美麗土地提出異議」。那個時候我還很年輕單純，充滿活力，當時我立即就想去那個叫做「大溪地」的地方。但我知道要麼我得坐船去，要麼我得坐飛機去，我連「船」字怎麼寫都不知道，我也根本沒有坐飛機的錢。所以我就把這個想法擱置一邊，忘掉它了，但我總忍不住想起那些女人，因為她們真是美麗絕倫。

後來我住到了新墨西哥州的一個圓錐形帳篷裡，和很多人一起，長話短說就是：有一天，我和我的朋友還有兩個女孩，四個人決定從聖塔菲（Santa Fe）開車到墨西哥的華雷斯（Juárez）去買龍舌蘭酒。我們上了一輛卡車，開了三百五十英里抵達華雷斯，喝得酩酊大醉。我能記得的下一個場景就是我從時速四十五英里的卡車上跌落下來，醒來的時候發現自己躺在一片玉米田裡，但並沒有受傷，所以我又回到了車上。

之後的記憶就是當我再次醒來時，我發現自己已經在距離華雷斯一千兩百英里的馬薩特蘭（Mazatlán）了。我和朋友們一起坐在當地的餐廳裡，這時一個瑞典人走了進來，他看著我們說：「你好，我需要有人幫忙把船開到大溪地。」

我還有點宿醉，我的朋友看著我說：「鮑比，如果你現在不去，你永遠都不會再有這樣的機會了！」

所以我轉頭跟那個瑞典人說：「我從來沒有上過船，我很害怕，倒也不是怕溺水，但我沒有錢，也不喜歡鯊魚，我不會游泳，對船一無所知，但我還是想跟你一起去。」

他對我說：「你就是我想要的人。」「為什麼？」我問。他說：「因為你不會指手畫腳地告訴我該做什麼。」走出餐廳的時候，我轉頭看了一眼這家餐廳的名字，它叫「阿羅哈咖啡館」（Aloha，夏威夷語的問候語），這是多麼應景的一個名字啊！那家餐廳至今還在。

就這樣，十五分鐘後我就登上了伊格爾的船。大多數孩子都想成為醫生、律師、法官或者飛行員什麼的，我卻一直不知道自己想做什麼。但是，從我們啟航的那一刻開始，當我跟星辰大海在一起的時候，我明白了，這就是我的歸屬之地。

我們從馬薩特蘭開到了科科斯群島（Cocos Islands），開到了加拉巴哥群島（Galápagos），又去到了馬克薩斯群島（Marquesas），然後是大溪地、庫克群島（Cook），再到夏威夷，最後回到加拿大溫哥華。我是在一個週末出航的，十一個月以後我才回到家。接下來三年的時間，我大部分時候都和這個傢伙一起在太平洋闖禍。

現在我在大型訓練船、帆船、縱帆船等地方工作，大多數人都認為它們看起來像海盜船，因為這些船是在海盜船盛行時期出名的。我們會帶大學生一次出航一個月的時間；帶國高中學生出航個一週或兩三天，有時候甚至是三個小時的航行，這取決於不同的船型，我們在每個船上教授的課程都不同。

在我剛剛離開的那條船上，我們做了一場關於一八一二年戰爭的課程。再早些時候的那條船——「華盛頓夫人號」，在那裡我們上了有關西海岸商人和西班牙傳教士的歷史課。我們會談到貿易的演變，以及為什麼這些船如此重要。我熱愛我所做的事，有些人說，他們想實現自己的夢想，我想說，我就活在我的夢想裡。

我們非常喜歡克朗奇的故事，因為它讓我們看到了當你持開放態度時生活會發生什麼。當你放下自以為自己能做什麼、不能做什麼的概念的時候，最意想不到、最奇妙的事情反而可能會發生。

宇宙高速公路的限速因素

小史蒂芬．柯維做為「柯維領導力中心」的執行長，將其打造成了該領域最大的諮詢公司，此後又策劃了與「法蘭克林公司」之間百萬美元級的併購，創建了「法蘭克林柯維」上市公司。稍後您將讀到我們對柯維的採訪，在這則採訪中，他提及了他的書《高效信任力》（*The Speed of Trust*），談到了信任度會對你生命中所有的關係產生怎樣的影響。不過在此之前，讓我們先來談談你在宇宙高速公路上的旅程吧！

> “**你在人生道路上行駛的速度，是由你的信念和觀念決定的。**”

實現夢想到底需要多久？這與你的信念直接有關聯。唐納．川普（Donald Trump）曾一度破產，但不久以後他就又成了億萬富翁。這是怎麼做到的呢？

如果明年你賺了一百萬美元，你會覺得那是個美好的一年嗎？如果川普在明年只會賺到一百萬美元，你認為他會怎麼想？他會認為這一年很失敗吧？你與川普之間的一個關鍵不同點在於你們持有不同的信念。

上一章節我們說過，在這個世界上能阻擋我們活出自己熱愛人生的東西只有這三樣（其實是同一樣）：不真實的想法、不真實的觀念、不真實的信念。

你對自己實現熱情的能力抱有什麼樣的信念呢？以下是我們常聽到的一些限制性信念：

- 我無法實現自己的熱情，因為我必須養家糊口。
- 我不可能從我熱愛的事情中賺到錢。
- 我沒有獲得真正的成功所需要的技能。
- 我太老了，對我來說已經太遲了。
- 我太年輕了，還沒有足夠的經驗。
- 我太＿＿＿＿＿＿＿＿了（由你來填空：軟弱、害怕、高、矮、胖、瘦……）。
- 我懂得的不夠多。
- 我不夠外向。
- 我不夠＿＿＿＿＿＿＿＿＿＿（由你來填空，它們的本質都是「我不夠好」）。

無論你是誰，無論你身處哪裡，無論你有什麼樣的缺點，如果你認為這些事情會阻礙你實現熱愛，這統統都只是你當前所擁有的一些不真實的想法、不真實的理念和不真實的信念而已，這些僅只是你習以為常的不真實的念頭，它們與事實並不相符。

> **如果你對某件事真的充滿熱情，你永遠都有能力在生活中把它創造出來。**

試想一下，你真的無法從熱愛的事物中賺到錢嗎？你相不相信有人可以從「喜歡與人聊天」這件事情中賺到錢？歐普拉．溫弗蕾（Oprah Winfrey）在這方面就做得很不錯；有關烤餅乾的熱情又如何呢？全球最大餅乾店的菲爾斯太太（Mrs. Fields）看來也做到了；有關看電影的熱情呢？影評人羅傑．亞伯特（Roger Ebert）也在這一領域獲得了成功。

你真的沒有技能嗎？你是否聽說過一些嗓音很糟糕的著名音樂家（我們不想冒犯任何人，但我想你可以像我們一樣想起很多例子）？你聽說過許多企業家曾經是辦公室信件收發員的故事嗎？你知道愛因斯坦在學校的大部分功課都不及格嗎？你知道林肯曾經歷失去生母、不斷落選、破產、生意失敗嗎？如果你緊盯著這些看似未成功的事情，那麼你可能就會覺得林肯在當選美國總統之前的大部分人生都是失敗的。你真的太老了嗎？你是否知道很多富翁都是在五十五歲後才大器晚成的？桑德斯上校做了許多年雞肉，六十二歲才創辦了肯德基。在本章的開頭你也讀到了奧托的故事。

不管你抱持怎樣的限制性信念，這世上永遠都有相反的證據存在。即便迄今為止尚未有人做過你所熱愛的事，也有大量證據表明許多人成功地做到了別人認為不可能做到的事。

你比自己想像中的更加富有力量，如同我們在本書 Part1 提到的，你創造了你的人生。好消息是，如果你不喜歡現在的生活，你可以馬上著手改變它。還記得這則箴言嗎？

“**你首先在腦海裡創造了你的生活，然後它才出現於外在世界。**”

只要你相信自己做不到，你就會做不到；只要你認為這是不可能的，它對你來說就會不可能；只要你認為這太難了，它對你來說就會太難了。

這是否也意味著反之亦然呢，只要你相信你行，你就能行？的確如此，但也沒有那麼簡單，因為我們的信念常常根深蒂固。你可以口頭說著「我能做到」，但內心深處卻不相信自己真的能。這就是為什麼自我肯定常常無法達到我們所預期的效果。

但你是否還記得我們談過的提問的力量？當你向自己的頭腦拋出一個問題，它就會去尋找答案。如果你尚未信任自己可以過上熱愛的生活，那麼就問問自己，我能找到哪些證據證明我也許可以過上熱愛的生活呢？

持續去找尋證據，直到你能夠從內心深處真正地覺得：「我當然能做到！看看那些已經做到了的人，看看所有這些證據！」這便是你活出熱愛的人生過程裡最首要的任務——去發現你所需要的證據，讓自己相信你能夠做到。

這也是我們在《健康、財富與智慧》雜誌中開設「熱情專欄」的原因。當你聽到億萬富翁約翰．阿薩拉夫曾經是一個幫派分子，暢銷作家尼爾．唐納．沃許（Neale Donald Walsch）曾經露宿街頭，導演大衛．林區（David Lynch）直到看見朋友的父親以藝術為生之後，才發現自己熱愛什麼，以及馬克．維克多．漢森經歷過破產後重新振作，這些故事會幫助你相信，如果他們能做到，你也可以！

你相信什麼，就會創造什麼

一九九九年，珍妮特在一位朋友的勸說下參加了一場講座，在那裡學到了迄今為止我們所體驗過最強大的工具，用來反轉不真實的信念。

珍妮特：我並不知道那場講座的主題是什麼，但拉蒂卡說那很棒，所以我就去了。我見到一位美麗的銀髮女士坐在講台前。

她說：「我曾有十年的時間深陷憂鬱之中，嚴重到甚至無法走出自己的房間，孩子們經過我房間的時候都會小心翼翼，生怕我衝著他們大聲尖叫。我的體重超過九十公斤，有時候兩週都不會刷一次牙、洗一次澡，就這樣日復一日地躺在床上，心懷深深的自我厭惡感與絕望，我也一度輕生。最後，由於情況太糟糕了，我不得不住進一家專門為患有飲食紊亂症的女性設置的『中途之家』，因為這是我的保險唯一支付得起的地方。那裡的女人都很怕我，所以她們把我單獨安排在閣樓，遠離其他舍友。我感覺自己毫無價值，甚至覺得自己不配睡在床上，所以我就睡在地板上。

「我住在那裡大約一星期後，一天早晨，一隻蟑螂爬過我的腳，我睜開了眼睛。就在那一刻，我所有的憤怒、曾經困擾我的念頭都不見了，我過往的整個世界都消失了，取而代之的是一種難以言喻的喜悅。我覺得如果表達出我的喜悅，那會掀翻整個屋頂、整個星球，我現在仍然有這樣的感覺。

「在那一刻我意識到，當我相信了我的念頭時，我就會受苦；但當我不再相信它們時，我就不再受苦了，對每個人來說都是如此。自由就是如此簡單。我發現要不要受苦是可以選擇的，我發現了一種內在的喜悅，從那以後再未消失過，那不只是一種轉瞬即逝的快樂。那份喜悅也在每個人的心中，永恆存在著。」

拜倫・凱蒂（Byron Katie）在這裡停頓了片刻，然後繼續說：「**我們受苦的原因並不源於所發生的事件，而是來自我們對事件所產生的想法。現實是中性的，只是我們的頭腦將其區分為好事或壞事。當你去質詢那些帶來壓力的想法，你會發現它們並不是基於現實而產生的。最終，你會明白外在的每一件事情都是你自身想法的倒影。你才是那個講故事的人，是所有故事的投影機，世界是你的想法投射出去的畫面。**

「自有時間以來，人們就在努力透過改變世界來讓自己幸福，但這從未奏效過，因為這種解決問題的方向走反了。我分享給人們的方式是改變那個投影機本身——你的頭腦——而非投影出來的畫面。那就好像如果投影機的鏡頭上有小棉絮，我們會認為是投影幕上有瑕疵。我們不斷努力改變著這個人、那個人——不論是誰，那個瑕疵始終都會再次投影到下一個人身上。然而，試圖改變投影畫面是徒勞的。一旦我們意識到棉絮在哪裡，我們就可以擦乾淨鏡頭本身，這就是受苦的終結，也是體驗天堂般喜悅的開始。」

講座結束後，拉蒂卡邀請我和凱蒂及一些朋友共進午餐。我遲到了一會兒，唯一剩下的位置就是凱蒂身邊的那個座位了。

拉蒂卡向凱蒂介紹我，凱蒂帶著明亮燦爛的笑容看著我說：「你好，天使，你是做什麼工作的呢？」我回答說，我負責鎮上一家大公司的市場行銷工作。凱蒂的下一個問題讓我十分驚訝，她問我：「你擅長這份工作嗎？」

我幾乎脫口而出：「我是做得最棒的！」畢竟，我已經擔任了五年的高階客戶經理，目前管理著悅讀圖書公司的整個行銷部門，剛剛度過了創紀錄的一年。

由於凱蒂在幾分鐘前才剛認識我，所以她的下一個問題讓我更加吃驚了：「我想邀請你來幫我做行銷，你可以住在我位於曼哈頓海灘的家裡，你願意來嗎？」

我被這個女人深深吸引著，一部分的我想要立刻說好，但另一部分的我忍不住考慮到我的房子、我那三隻金毛犬、兩隻貓，還有我怎麼能在生活中突然做出這麼大的改變呢？

回到家後，我還是忍不住一直想起這個神奇的女人。最後，我打電話給了克里斯，他住在北卡羅來納州。我跟他分享了這次非同尋常的見面，並問他：「你願意和我一起去華盛頓和波士頓見她嗎？我沒辦法一個人做決定。」

經過巧言哄騙，克里斯終於同意了和我一起去。我們在華盛頓與凱蒂共度了一個神奇的週末，然後又飛去波士頓聽她在劍橋的演講。

我其實不想用「演講」這個詞，因為凱蒂並沒有真的在演講。她只是和一位帶著想要探尋的問題而來的志願者坐在一起，然後帶著這名志願者進行一個內在質詢過程，凱蒂把這個過程簡單地稱為「功課」（The Work）。凱蒂用一句話來總結「功課」的流程：「評判你的夥伴，付諸筆端；問四個問題，將之反轉。」

我永遠也不會忘記在劍橋的一次特別互動。凱蒂當時邀請聽眾想一想他們認為非常可怕的社會問題，一位女士舉起了手，而後走到了台前。

凱蒂熱情地跟她打招呼：「你好，親愛的，是什麼讓你煩心呢？」

「世界上不應該有飢餓兒童。」她回答。

「世界上不應該有飢餓兒童——這是真的嗎？」凱蒂問，「事實是什麼呢？是否有飢餓兒童存在？」

「嗯，當然存在。」女士回答。

「那麼你能百分百肯定世界上不應該有飢餓兒童嗎？」

「是的，我肯定。」女士說。

「當你與事實爭論時，你就輸了——百分之百，每一次都會如此。」凱蒂對聽眾們說，又轉向這位女士：「當你相信這世上不應該有飢餓兒童，而事實是有飢餓兒童的時候，你有怎樣的反應？」

「我就很恨美國人不提供食物給這些孩子，我無法理解為什麼他們擁有那麼多的財富和資源，卻還允許這個問題繼續存在。我非常生氣，有時甚至想殺了他們。」女士回答。

「當你相信那個念頭時，你還有什麼別的反應嗎？」凱蒂問。

「我會感到很無助，很困惑。我覺得我應該做些什麼，卻不知道我該怎麼做。我感到很沮喪，有的時候簡直受不了。」女士激動地說。

凱蒂又問她：「堅持『世界上不應該有飢餓兒童』這個想法，能給你帶來和平嗎？」凱蒂面向聽眾說：「這並不是在縱容飢餓問題，而是在終結這個星球上的苦難，一次終結一人之苦，而這一切從你開始。當你質詢你的念頭，找到對你而言真正的真相時，如果你願意，你就能夠清楚地為解決問題去做些什麼，而非讓自己深陷痛苦的念頭中。」

凱蒂又一次把提問拋給了那位女士：「所以，親愛的，堅持『世界上不應該有飢餓兒童』

這個想法，能給你帶來和平嗎？」

那位女士答：「不能，這個念頭只會讓我抓狂。」

「如果沒有了這個念頭，你會是怎樣的你？」凱蒂問。

「嗯，我會快樂得多，我不會總是在擔憂，我會感覺比較好。」

凱蒂說：「很好，有這個念頭的時候，充滿壓力；沒有這個念頭的時候，快樂得多。所以並不是飢餓兒童問題讓你受苦，而是你對於這個問題的想法讓你受苦。你能明白這句話嗎，親愛的？」

「大概明白。」女士說。

「沒有了這個念頭，你聽起來就像是一個真正有能力幫助解決問題的人。現在把這個念頭反轉過來，『世界上不應該有飢餓兒童』這個念頭的反轉是什麼？」

「世界上應該有飢餓兒童？」女士遲疑地問。

「你能找到一個例子證明這句話可能是真實的嗎？」凱蒂詢問。

女士想了一會兒，然後說：「我找不到。」

凱蒂說：「世界上應該有飢餓兒童，因為不論我們喜歡與否，事實就是他們存在。我們對於應該或不應該的想法並不會影響這個境況。現實是什麼，就是什麼。我開始看到上帝是一切，上帝是友善的。當我們可以愛上現實，我們就可以停止自我折磨，帶著自由行動。愛是行動，它是清楚、慈悲、輕巧、無可抵擋的。」

凱蒂看著這位女士問：「還有別的反轉方式嗎？親愛的，以『我不應該……』開頭。」女士滿臉困惑，然後說：「我不應該挨餓？」她一提出這個問題，忽然就流淚了。凱蒂走過去擁抱這位女士，直到她不再啜泣，然後問她：「剛才怎麼了，親愛的天使？」

這位女士含著淚回答：「我有厭食症，我剛剛突然意識到這正是我一直在做的，我一直在讓自己挨餓。」

凱蒂溫柔地說：「是的，親愛的，該是餵養自己的時候了。」然後她對聽眾們說：「這就是我們常常做的，**我們將自身充滿壓力的念頭投射到這個世界中**。**當你探究你的念頭時，你會發現其實它與別人並不相關，它只與你有關**。如果你對某人有評判，那就寫下來，去質疑這些評判的念頭，然後將其反轉。你來做那個老師，你來做你想要他們做到的事。如果你想要世界被供以充足的食物，請先從供給自己開始。」

凱蒂給了這位女士深深的擁抱，對她說：「謝謝你的勇敢，親愛的天使。去質詢我們深以為然的想法很需要勇氣，你真的很棒，你知道自己現在需要做些什麼了嗎？」

「是的，我很清楚我需要做什麼，非常感謝你！」

我和克里斯當時都深受觸動，我們和凱蒂一起去到她在當地的住處，談論著她邀請我為她工作的事。克里斯也覺得和凱蒂在一起的時光非常珍貴，所以最終我倆都去協助她的工作了。我確實也幫助了凱蒂做行銷推廣，但好笑的是我並沒有搬離加州，反倒是幾個月後克里斯搬家了——徹底清空他原來的家——去到凱蒂在曼哈頓海灘的家，住了將近一年的時間，為凱蒂全職工作。

拜倫·凱蒂的「功課」是我們迄今為止所發現，能夠解除人們限制性信念的強大工具之一。凱蒂的網站裡設有免費的「功課」內容，你可以登錄網站，閱讀「功課」的完整解讀，免費聽凱蒂帶領別人做「功課」的錄音，並下載「轉念清單」，自己嘗試去做「功課」。

隨著不斷質詢那些讓你恐懼的念頭、那些讓你深感無價值的念頭、那些讓你覺得自己不值得被愛的念頭，你將發現自己的內在有某種新的東西在生長，那就是「信任」。你在宇宙高速公路上行駛的速度，與你對宇宙仁慈的信任程度直接相關聯，這是什麼意思呢？

生活是為你的喜悅而設計的，生活的設計旨在讓你能夠體驗與日俱增的成就感和滿足感。如果你說：「嗯，但我的體驗不是這樣啊……」那麼你可能會對接下來我所分享的事感興趣，因為這是珍妮特在印度和尼泊爾長途跋涉中採訪的每一位靈性導師共同的主題，而且很明顯，這是他們的親身體驗。

到底需要什麼才能讓其變成你的親身體驗呢？

那就是改變你對自己的生命體驗的看法。

以下哪個感覺更好？相信自己孤獨地生活在這個世界上，相信自己必須痛苦掙扎才能向前；還是相信自己身處一個仁慈的宇宙當中，這個宇宙不斷在給予你禮物？以下哪個感覺更好？相信生活是痛苦艱難、令人失望的，還是相信生活是一場冒險，它是一次次讓你能夠探索真我的機會？

你相信什麼，就會創造什麼。有時改變舊的信念並不容易，這也是為什麼我們與你分享拜倫・凱蒂的「功課」的原因。

一旦你開始尋找生活仁慈的證據，你就會慢慢找到許多證據；一旦你開始尋找所有經歷皆是福的理由，你就會逐漸找到那些理由。如果你準備擁抱「生命是為你的喜悅而來」這一理念，每時每刻都將變成禮物，為你展示通往圓滿的道途。你會發現生命中不斷會有奇蹟湧現，就如同茱莉亞・加瓦米所發現的這樣：

二〇〇六年，我參加了一場研討會，在那次研討會上，珍妮特・艾特伍德帶我們做了「熱情測試」。那時我的生活過得十分艱難，因為我的婚姻幾乎到了破裂的邊緣，我正在尋找能提升收入的方式，好讓自己能夠維持生計，也希望能讓孩子們繼續接受教育。多年來，我的健康狀況一直堪憂，這給我的生活帶來了更大的負擔。我知道自己想要什麼，但我不知道怎麼才能實現理想的生活。

我坐在研討會上跟著珍妮特一起做熱情測試，當我寫下自己真正想要的生活時，我才意識到我並沒有活出我所熱愛的生活。我的前五大熱情是：

1. 我享受著與丈夫美好的關係。
2. 我有能力給予孩子們優質的家庭教育。
3. 我過著非常健康的生活。
4. 我擁有多種收入來源。
5. 我是一名演說家，用我的演講激勵他人。

我的朋友問我為什麼不去做演講？我說我還沒有出過書，誰會想聽我的演講呢？但就在那時，珍妮特告訴我們，我們可以選擇成為熱情測試協導師，我的朋友說：「你看，你的『書』來了！」

研討會後，我真正聚焦在我所愛的事情上，這是我有生以來第一次知道，在我的生命裡，我的心之熱愛會在我眼前真實展開。我在身體上、思維上、精神上、情感上都取得了進展，我的內在發生了一種神奇的轉變。我意識到過去無法過上真正想要的生活，是因為我的專注力被生活中的瑣事分散了。每一天的生活裡都有那麼多需要我的地方，有些事情與我的熱情相符，但有些與之相悖。我需要為自己的熱情做出選擇，我知道宇宙會幫助我夢想成真。換言之，我終於領悟了！

現在的我成為了一名熱情測試協導師；我還在一家公司做培訓講師，在過去四個月裡從這份工作中獲得了超過五萬美元的收入；我還透過莫特健康體系的生物能量共振技術（Bio-Energetic Synchronization Technique）來幫助他人，因為這門技術給我的健康帶來了很大的改善；我擁有了多元管道收入，現在也成了一名勵志演說家和培訓師。

我的兩個兒子也得到了更優質專業的教育。我聘請了一位家庭教師來教他們我自己不擅長的領域，不僅僅他們的課業成績提高了，我也能夠更專注在這兩位小男生的心靈培養上。

孩子們也做了熱情測試。我幫助他們專注在生活中真正想要的事物上，教他們敢於暢想未來，暢想日常生活中可以擁有的豐富可能性。他們也得到了啟迪，因為他們有了值得追尋的目標，儘管孩子們的目標常常改變，但他們在九歲和十一歲的年紀就擁有了自己的願景，我鼓勵他們去創造他們的願景人生。

最後，我仍然不知道如何挽救我的婚姻。我已經掙扎了多年，努力專注於修補我的婚姻，想讓孩子們能夠在雙親家庭裡長大。但在婚姻好轉之前，反而有一段時期它變得更糟糕了。直到有一天，不知何故，我的丈夫走到我面前，和我說了很多撫慰我們內心的話，他的心轉變了，而這也徹底改善了我們的關係。現在我們的婚姻非常幸福、充滿了愛，比以前更加牢固了，我很期待和他共度餘生。

我親眼見證了自己的人生蛻變，熱情測試幫助我能夠專注於自己的真實渴望，並教會我對宇宙帶給我的一切保持開放。神給了我心之嚮往的、祂一直想讓我得到的一切。

你生活在一個想要為你提供最大喜悅、最大圓滿體驗的宇宙當中，只要你願意敞開心扉去接受這一切。你永遠無法知曉生命的禮物會以什麼樣的方式出現，有時候，你最重大的考驗會變成你生命中最美的祝福。但有一件事是你可以信賴的：

> **隨著你越來越信任事情會順利解決，你顯化夢想的速度也會越來越快。**

信任是成功的根基，它是事業成功的關鍵、人際關係成功的關鍵，也是人生獲得成功的關鍵。在下面這則採訪中，小史蒂芬・柯維分享了如何在生活中提升信任度的有效方法。

信任，帶來強大的動力

根據《CEO》雜誌報導，小史蒂芬・柯維曾做為戰略策劃人，幫助自己的父親史蒂芬・柯維（Stephen R. Covey）將其書籍《與成功有約》（*The 7 Habits of Highly Effective People*）

打造成二十世紀最具影響力的商業書之一。

做為柯維領導力中心的執行長，他為公司帶來了變革，使之成為了全球最大的領導力發展公司。在他任職期間，柯維領導力中心的收入增長至一．一二億美元，利潤同期增長十二倍。他接手公司時，公司市值估計為兩百四十萬美元，三年後，他將市值提升到了一．六億美元，並成功統籌了與法蘭克林公司的併購，成立了法蘭克林柯維公司。

現在他與合作夥伴共同創立了自己的顧問公司柯維林克國際公司，被公認為創造高信任度、高效能組織的權威。他的新書《高效信任力》為人們理解高效能個人與組織的關鍵組成做出了重大貢獻。

在我思考新的人生方向的時候，我的父親對我說了一番話，讓我深思良久。他說：「史蒂芬，如果你想做房地產行業，那確實很棒，既令人興奮，又富有樂趣，你又很擅長。不過，你真正想用一生的時間建造房屋還是建造靈魂呢？」

我突然意識到建造房子的確沒有任何問題，我對這件事充滿興致；但能夠給人帶來影響、真正幫助他人創造和開發潛能這些事，其實更加吸引我。於是我說：「我想專注於靈魂的建造、人的建造，同時也專注於人們所在的組織建造。」

我開始行動，並為之奮鬥了很多年，也幫助柯維領導力中心發展成世界上最大的領導力開發公司。在與法蘭克林公司合併成法蘭克林柯維公司後，我繼續留在新的公司。但隨著時間推移，我決定做一些新的事情。

所以我開啟了許多不同的創業項目，這些項目一如既往地令我興奮、充滿樂趣，也很能激發我的智識才能。但是，自從我在柯維領導力中心工作以來，這麼多年我一直都在體驗同類工作，我意識到其中似乎缺少某種東西。

缺失的是我希望能夠滿足我所有的需要。我希望我所做的工作富有意義，有所作為，不僅僅是為了賺錢，不僅僅是為了開心，也不僅僅是為了發展我的才能。所有這些於我而言都非常重要，但我還想要給人們的生活帶來真正的影響和幫助。

因此，透過在生活中不斷學習，我開始理解和追尋自己的熱情所在，我開始為之奔跑。我會花時間去探索不同的選擇。其實我在柯維領導力中心工作前就已經開始這種探索了，但之後我加入柯維很多年，那些年我興奮地嘗試了許多新鮮事物，即便如此，我仍然發現自己的生活不夠充實。

我必須回歸精神層面的東西——某種意義、某種使命、某種熱情，我的熱情，我發現這才是關鍵所在。體會到這種不同後，我必須回到我所擅長的實務領域中，所以現在我回到了用理念和方法來幫助他人的世界中。

過去十七年來，我一直致力於釋放人類潛能，釋放人類的天賦。我不是一個空談理念的人，而是幫助人們建構實物、成就實事的人。在這期間我更加清楚，信任是人類動機的最高形式，它提供了一種不同於任何其他事物的動機。

回望我們在柯維領導力中心的困難時期，我才意識到這一點。我們當時面臨的問題不是有沒有好的市場行銷方案，我們有很好的方案，我們所做的事情也得到了大量用戶的關注和青睞，但我們並沒有建成一個在人際關係層面具有信任的組織，因而失去了很多價值。

我們對核心成員保有信任，但我們組織中的關係尚未全面達到我們所需的信任水準。有一天，我讀到了美國政治經濟學者法蘭西斯・福山（Francis Fukuyama）的一則偉大引言，對我影響至深，他的話語帶來了一種熱情，這段話是：「一個社會中普遍存在的不信任感……會對所有形式的經濟活動徵收一種稅，這種稅是高信任度社會不必繳納的。」

我不禁思索，不僅社會如此，在一個組織中所彌漫的不信任感也給每件事徵收了稅。**關係中廣泛存在的不信任為每項活動所徵收的稅，是高信任度組織、高信任**

度關係無須繳納的。雖然我們當時的信任水準並不至於極低，因為我們擁有非常棒的人才，做著非常棒的事，但我們仍能感覺到有某種鴻溝的存在。我們仍在納稅，任何稅金都太過高昂。

所以我開始關注如何消除這種低信任稅，取而代之的是稅收的反義詞，即紅利。這是一種全新的信任概念，它影響著一切——影響著組織中、人際關係中和我們周遭的一切。我開始投入更多精力去關注這個領域，我發現儘管它對我們影響至深，但在企業中、人際關係中卻存在著對其廣泛的誤解。

讓我們以多年前發生在美國的悲劇為例，即九一一恐怖攻擊事件。九一一事件後，人們對整個航空交通系統的信任值都驟然直降，人們開始擔憂交通安全問題。既「有人要對付我們」（恐怖主義有一套計畫），也有「我們的系統是用來逮捕他們的嗎？這個系統值得信賴嗎？能夠阻擋襲擊嗎？」因此信任度驟減。

信任每一次都會影響兩項指標，無論是低信任度還是高信任度，都會影響速度與成本這兩項指標。當信任偏低時，會產生稅，此稅會顯現在低速度（完成目標需要更長的時間）、高成本（完成目標需要更大的開銷）兩個方面。

舉例來說，大家都知道的波克夏·海瑟威公司董事長華倫·巴菲特（Warren

Buffett），他在每年撰寫年度報告時都會寫一封管理信函，全世界各地的商學院都會研究學習他的管理信函。

巴菲特曾在其管理信函中談及從沃爾瑪公司旗下收購麥克萊恩分銷公司的案例。波克夏．海瑟威公司是一家上市公司，沃爾瑪也是一家上市公司，這是兩家大型上市公司。他們滿足了彼此在市場方面的所有需求，完成了所有審核流程，問題是，這樣的大型合作僅在兩小時的會議中就完成了全部流程。在會議結束二十九天後，沃爾瑪就收到了來自波克夏．海瑟威公司的轉帳——一筆兩百三十億美元的交易費用。

波克夏．海瑟威公司並未做嚴格調查，華倫．巴菲特說：「從本質上來說，我信任沃爾瑪，我信任與我共事的人。我知道一切都會完全如他們所說的那樣就緒，而事實的確是如此。」

大多數情況下，這種規模的併購需要花費數月時間，可能是六個月、八個月、十個月，甚或是一整年的時間來達成，需要龐大的審計師、會計師、律師團隊來做各種盡職調查，最終證實成交額，這一切需要耗費大量時間和金錢。

「信任的速度」的概念既是指你能夠成事的實際時間，也是一種隱喻，意味著豐富的收益、結果和紅利。這裡的紅利指的是高信任帶來的成果，你能夠展開行動的速度及所產生的收益。該案例中，一筆交易能夠在二十九天內完成，從開始到結束僅開過一場兩小時會議，就是因為兩家公司在準則方面有著對彼此高度的信任。

這是多麼驚人的行動力，其速度之快令人震撼！在低信任度的關係中，浪費在繁瑣流程上的時間和精力都會超出正常值，這是低信任度關係的特點。而高信任度關係則恰恰相反，萬事開誠布公，沒有隱匿計畫，公開透明，因而你能夠以超凡之速展開行動。

信任深刻影響著我們的使命和人生，因為今天的我們生活在一個相互依賴、彼此連結的世界中。我指的不僅是我們連通了網路，生活在一個網路時代，而是萬事萬物都相互影響著。

這是一個生態系統，萬物相互依存，很少有什麼完全孤立於世。經濟已經全球化，印度發生的變化會影響到美國的進展，反之亦然，全球各國亦然。在這互賴互存的世界當中，與人合作、與多方利益相關者合作至關重要。這裡的利益相關者指的是那些與你的成功、與你所做的事、與你是什麼樣的人相關聯的所有人，所以包括了顧客、投資商、供應商、股東、員工、合作者、對你施加影響力的人和你想要影響的人。

關係是相互依存的核心，信任的確是其中的關鍵，是使人際關係發揮作用的黏合劑，它能夠一次又一次地提升速度，降低成本。人際關係是我們賴以生存的這個互聯世界的核心，這是一個事實，我們確實生活在這樣的世界裡。

因此，在大多數情況下，那些想要活出獨一無二的自己、表達自己獨特聲音的人並非想孤立自己，而是可能想以自身的生活方式和態度影響他人，與他人更好地合作，而這種相互依存的關鍵就是人際關係，人際關係的關鍵則是信任，以信任之速構建關係，並以信任之速貫徹執行。

美國心理學家卡爾・羅傑斯（Carl Rogers）說：「最個人化的東西也是最普遍化的東西。」我們所有人其實都既體驗過低信任度關係，也體驗過高信任度關係。我們都知道那是怎麼一回事，所以它適用於所有領域。我們明白，一旦我們以這樣的方式來建立信任，我們就可以說：「我明白了，現在請幫助我改進吧！」

建立信任的過程十分有趣，它首先要從你自己開始，我稱之為「自我信任」，從你自身的可信度、可靠度開始。試想便知，**如果你無法信任自己，就很難與他人建立起信任關係，可信度確實是建立關係或信任的基礎。**

我稱之為自我信任、構建個人信譽。總的來說，信任度和個人信譽運作的方式包含以下兩個方面，首先是品格，其次是能力。二者對你與他人建立信任關係都至關重要，對你構建自我信任也至關重要。

談及信任，品格是我們最容易理解的。當我們想到信任時，大多數人都會聯想到與品格相關的溫和詞彙，包括我們的誠實正直。這極其重要，品格成分確實重要，因為要使自己為人所信、為己所信，我們必須是一個誠實正直的人。此外，我們也需要有能力。如果你認真思考，就會發現如果某人沒有能力交付成果，你就不會信任他們。你可能相信他們的心、他們的品格，但你不會相信他們能夠勝任工作。

我的妻子信任我，我也信任我的妻子。我關心她，對她很誠實，她對我也如此。最近她剛做完一個手術，即便我們彼此互相信賴，她也絕不會請我給她做手術，原因很明顯！因為我不是醫生，我在醫療專業領域沒有任何能力，所以她在這方面不會信任我，她只會信任我能夠與她一起共建家庭。

所以，品格和能力都很重要，這取決於你需要完成什麼，需要做什麼。品格始終需要，能力的需要則根據不同任務、不同工作、不同情境而有所不同，但總而言之二者皆不可缺。

大多數人最初是在自己的家庭中學習信任的，我們從含蓄、基礎的理解開始，漸而輕鬆將其擴展到外部世界，尤其是孩童時期是最容易學習的。我很幸運出生在父母都以身作則的家庭裡，他們教會了我們誠實正直，教會了我們為世界帶來美好、做出貢獻，他們與我們互動的方式也讓我們學會了建立信任關係。

讀過我父親的書《與成功有約》的朋友或許還記得其中一個故事，有關「環保清潔」的那則故事。這個故事講的是我父親是如何訓練我（當時我還是個七歲左右的孩子）整理庭院，保證院子綠意盎然又整潔。

當時那是我的工作，我想怎麼做都可以。我的父親提議我可以打開灑水器，但他說：「如果你想用桶子直接把水潑到草坪上，你也可以這麼做。」他教會我的是——你自己來決定用什麼方式達成結果。

這裡的結果就是我想要一個綠意盎然又整潔的庭院，我可以自由決定怎樣達成結果，但是他給了我一些方法上的建議，因為那時我還很小。父親用這個故事來說明他是如何教主管授權工作的，他把要達成的結果和照顧好該結果的責任委託給了我，確實是如此，這就是「管理授權」。

父親也用這個例子來講「雙贏協議」。他當時教我，如果我做到這個，我的收穫會是什麼，而他的收穫又會是什麼，這就是一個雙贏協議。

畢竟我當時只有七歲，我能夠記得的是我感覺自己是被信任的，我能感受到父親對我的信任，他信任我能夠照料好庭院。那個時候我還太小，對錢還沒有什麼概念，並不是金錢激勵我做這件事。真正激勵我做這件事的是我不想讓父親失望，我想獲得成功，我想讓他看到我有能力勝任他想讓我做的事，並且很負責任。他給予我照顧好某件事的責任，我因而感到被信任，是這份信任激勵了我。他把信任傳遞給我，讓我備受鼓舞，也在內心構建起了一種責任感、管理意識和誠實的品格，這些品格一直伴隨我終生，現在我也在努力把信任之棒傳給我的孩子。

我們從父母那裡學習到了信任的品格層面，也學習到了如何傳遞信任、擴展信任，以及如何成為以身作則的榜樣，其中以身作則尤為重要。

首先是榜樣，其次是關係，然後是教導。因為榜樣可以讓人看見，關係可以讓人感知，教導可以讓人聽見。人們往往在看見和感知到之前不會去聽。我就是這樣的例子。我首先是在家中親眼看到、親身感知，然後才能認真聆聽，因為我的所見所感令我心悅誠服。

我們進入職場、進入生活的心態是：「我能不能信任他人？我想不想信任他人？」每個人都想要被信任，那會帶出他們最好的一面，這就是一種非凡的動力。如果人們感覺自己不被信任，感受不到上級的信任，就會失去動力，這種關係會令人沮喪，於是他們更傾向於離開，去別的地方謀求別的工作。這顯然沒有激發出他們最好的一面，沒有激發出他們的熱情、才華與創造力。

擁有尋求他人信任的願望和意圖非常重要，在了解他人的能力和品格之前，不要超前給予過度的信任。

當你激發出人們的才華和能力時，事業會做得更好。我還記得小羅伯特・喀爾文（Robert Galvin Jr.）接替他父親成為摩托羅拉公司（Motorola）執行長時，就做得非常出色。許多人曾問他為什麼能夠有興趣和熱情堅持下去，做到這一切？他說：「因為我父親對我管教非常嚴格，他很信任我，我想要對得起這份信任。他信任我，我則信任其他人，他們都做得很棒。」

所以，這裡的核心便是，信任是一種很好的激勵形式——它能夠激發人們的才華、能量與熱情——也能激發你自身的能量與熱情，經由被信任和給予信任，我們擁有了強大的動力。

你要確保聰明行事，了解別人的品格與能力，你必須使品格與能力相配。執行手頭任務需要什麼樣的能力？首先以身作則，做值得信賴的人，專注於自身品性和能力的提升。學習以能增強彼此信任的方式與人互動，避免破壞信任的行為。

讓我來舉兩個例子，大家今天、今晚或者明天即可運用，有兩種方式可以讓你即刻提升關係中的信任度。第一種是在任何既定關係中增加更多透明度。這裡的「透明」指的是公開，意味著以他人能夠驗證的方式實事求是地說話。

透明度的反面則是有隱藏議程和計畫，因為這樣你就不公開透明了。你隱藏了某些東西，而在大多數情況下人們都能夠感知到，他們能感受得到。他們雖然不知道具體情況，但不會再信任你所做的事，因為他們質疑你真正的意圖和動機。

與之相反，你要開誠布公：「這是我想要做的，而這是原因。」能夠做到這一點的企業和領袖將會體驗到非凡的結果。在人際關係中能做到這一點的人也將得到更好的結果，因為這會打開局面，人們會意識到這就是你的計畫。你的議程擺在檯面上，公開透明，非常清楚。

近來，一些慈善機構面臨著巨大的挑戰，人們會問：「你們把錢用來做什麼了？」如果你要他人將錢捐到慈善機構，你就不能失去他人的信任。保持信任最佳的方式就是透明化，公開你的帳簿，公開每筆錢的用途。如果人們質疑你所做的事，請開誠布公。

用這些錢做正確的事，確保自己值得人們信任。但是請記得，如果當前信任度較低，人們是不會願意信任他們看不見的東西的。所以要讓他們看見，公之於眾。我知道許多企業已經開始公開他們的帳簿了，讓人們看到他們的財務狀況，因為這樣做的過程本身就是信任的一個很好的證明。

你需要在自己的實際情形中運用這一點。如果你想在某段關係中建立信任，就要問自己：「我如何可以更公開、更透明，讓大家看到我真正想做的，看到我的意圖和動機？」這樣做也是對自己的挑戰，因為可能你當下並沒有那麼公開，可能你確實有隱藏的計畫。但如果是這樣，你就無法建立信任，人們會感知到的。所以，請保持公開、清楚和透明吧！隨之而來的成效會令你大為驚嘆的！

現在我想舉第二個例子，你還可以直面問題。面對現實，直面問題，即使有些事情是所謂「不便討論之事」，因為我們經常選擇回避問題。我們避之躲之，企業領導或團隊領導尤其如此。

如果某件事情人人都在談論，我們卻不以團隊的方式公開討論，這就是所謂的「不便討論之事」。然而所有人都已經在背後討論了，忽視它只會降低你的信任度，因為這表示當前出現了以下兩種情況中的一種：要麼你對人不坦誠，你不夠透明；要麼你毫無頭緒，你不夠清楚，這也是對團隊無益的。

所以到底是哪一種呢？兩者皆不利。與其忽視或回避，不如直面問題，做好準備對大家說：「我明白我們遇到了問題，讓我們一起來討論這個問題吧！」因為無論你參與或不參與，大家橫豎都在討論，那麼何不乾脆參與其中，坦然面對呢？

法蘭克林公司和柯維公司合併後，我遇過類似情況。我們有一個團隊在建立信任方面十分困難，所有的合併都不容易，各方都在信任問題上掙扎著，我們也不例外。我做為董事長也在竭盡全力地促成信任關係。我向顧問團隊做了一場一小時演講，這場演講原本是計畫講戰略問題的。

但是你知道嗎？我可以看到、可以明顯感知到，沒有人想談戰略。大家真正想談的是與合併相關的諸多問題，這些問題正在分裂公司文化，使我們無法將公司整合在一起。我決定，我可以談論戰略，安全行事，但達不到任何效果；我也可以坦誠布公地說：「你們真正想談的是什麼？」我知道大家想談論這些，那麼我就可以主動提出其中的一些問題，讓大家感覺到可以安全地討論這些問題。

於是我這麼做了，我打開話題，說：「我從私下交談裡感受到大家真的很想談一談我們整合公司的過程。現在公司由誰來做決策？哪家公司的理念勝出了？我們打算怎麼做？哪些硬體設施我們會保留，哪些會淘汰？這樣做是對的嗎？」

所有人都說：「是的！我們真的很想談談這些問題。」然後大家敞開心扉，開始問起真正尖銳的問題，我沒有回避，而是迎頭相對。最後的結果是事後大家對我說：「你知道嗎？我們在那一天建立起的信任比我們之前一年裡建立起來的還要多，我很欣賞你那天開誠布公，直面這些問題。」

我並非對每件事情都有答案，我也並不把自己看作這方面的典範。我也有掙扎痛苦，但我從中學習到的是，創造透明度和直面現實是兩種最簡單快捷的方式，任何人都可以用其提升組織和團隊關係中的信任度。

我對自己在信任方面所做的工作感到非常興奮，我正在進行我所謂的「信任實踐」。這個實踐旨在讓個人和組織與其利益相關人建立起信任關係和增進信任度，改善他們的業務成果，也改善他們在自身生活領域的成果。為此我還寫了一本書，叫《高效信任力》。

這本書不僅涉及商業領域，也包含人際關係甚至更多主題，其核心是以信任之速發揮領袖力。這讓我非常興奮，我在談論的是一個被許多人誤解甚至誹謗的話題，關於信任還存在著太多的迷思。

許多人將信任看成是一件軟弱、緩慢、模糊的事。就在這週，有人問我：「你能教信任這種東西？」我想鄭重地回答：「當然可以！」信任是可以教、可以學、可以運用、可以培養、可以衡量的，它可以在組織中運用，它可以而且應該成為每段關係、每個組織的明確目標。

無論你是否意識到，它都在那裡。你要麼擁有信任，要麼沒有。如果你擁有信任，你將獲得紅利，它會以無數種方式回饋你，你會在速度和成本方面看見它的存在；如果信任值很低，你也將為此付出代價，你將繳納一種稅，它也會在速度和成本上體現出來。無論你相信這一點還是願意花錢買教訓，它始終都在那裡。低信任度必然意味著低速度和高成本。

最後，我要留給讀者們的理念是，我預測：**能夠和所有利益相關者之間創造、增進、擴大和恢復信任的能力，將成為二十一世紀的關鍵領袖力**。對於這一點我是認真的，它將超越戰略、願景等能力成為最重要的領袖力。

這是一個相當大膽的預測，我之所以這麼說——能夠和所有利益相關者之間創造、增進、擴展和恢復信任的能力將成為關鍵領袖力——是因為我們生活在知識經濟時代，其中人際關係是一切的關鍵。當前低信任度在我們的社會和組織中無處不在，它就在你我身邊。

這種低信任度所耗費的成本相當之高，我們可以看見它顯現在速度和成本方面，而信任影響了我們所做的一切。它影響著我們的戰略、我們的執行、我們的創新和我們的溝通。一個公司、一段人際關係中的各方面都會受到信任的影響，信任的存在抑或是缺失都會影響整體。

因此，隨著我們在組織中和關係裡增進信任度，我們會體驗到一種倍數效應。這個效應會為我們所做的事增值而非扣稅，它增進了交流而非增加了交流的負擔，它提高而非削弱了我們的執行能力，它會影響到每一個層面。

開始去創造更有信任度的關係吧！現在、今晚或明天就去做。在接下來一兩天內選擇某個人，對他更透明，選擇在你曾經可能不那麼敞開心扉的地方更加敞開一些，最好選一個你已經與之有親近關係的人來做練習，因為這樣不至於太可怕。選定一個情境，在其中去創造一份更大的透明度吧！

以上便是你可以在任何關係裡立即去做的兩件事，請運用自己的判斷來決定如何好好應用這兩種方法。此外還有第三種方法：做出承諾並信守承諾。你可以對某人做出一個承諾，然後履行這份承諾；再做出下一個承諾，然後履行那份承諾。如此你就會建立起對自己的信任感，因為你付出過承諾並堅守過承諾，你也會因此與他人建立起信任關係。**每當你做出一份承諾的時候，你就創造了希望；每當你堅守一份承諾的時候，你就建立了信任**。因此，做承諾和守承諾也是增強人際關係信任度的一種直接方式。

在這則訪談中，關於活出熱愛你學到了哪些關鍵內容？

1. 信任是人類動機的最高形式。
2. 不信任會帶來稅，擁有高信任度的關係和組織會獲得紅利。
3. 信任總是會影響到這兩個指標：速度和成本。當信任值偏低時，事情會耗費更長的時間和更高的成本；當信任值偏高時，事情會進展得更快，並且成本更低。
4. 我們在追尋熱愛、實現天命的過程中，並非孤立存在的。美好關係是提升我們實現人生使命的能力的關鍵，而信任是所有關係的基石。
5. 建立信任的過程始於你自己，有了對自己的信賴，你將擁有可信度。如果你自己都無法信任自己，那麼你就很難和別人建立起信任關係。

6. 建立信任有兩個層面：品格和能力，二者對於構建信任都至關重要。
7. 當我們給出信任時，我們其實也給予了機會，讓他人能夠證明自己是值得信賴的。
8. 先以身作則，成為信任的典範，然後在關係中實際去建立信任，最後才能教人信任。
9. 信任的建立需要時間的累積，你要在人際關係的每一個階段不斷加深信任的層級。
10. 當人們感到被信任時，會激發出他們最好的一面。
11. 與他人建立信任關係十分重要，但不要超越他人當前的品格和能力，給予過度信任。
12. 任何人都可以使用這兩種方法在人際關係中提升信任度：提升透明度和直面問題。
13. 信任應當成為每份關係、每個組織的明確目標。

回家作業：

- 挑選一個你較為親近的人，選擇對他更透明。
- 選擇一個你通常不會直面探討的議題，向某個親近的人提出該議題並與之討論。
- 對某個人做出承諾，信守這份承諾；再做出一個承諾，信守那份承諾。

第13章

幸福始終在你身邊

「一個有著深刻幸福感的人，無論走到何處，無論身處何境，都會帶有一種意義感。即使此刻他們只是在給汽車換機油，也會給這件事賦予一份喜悅的意義。」

——瑪茜·西莫芙，《心靈雞湯·女性篇》作者我是妮可．麥肯斯，今年二十六歲，來自多倫多。在我十八歲的時候，我和母親一直住在破舊的房車裡，那時我的父親剛剛去世。我身無分文，無依無靠，也不知道生活該去往哪個方向。

但是我成績還不錯，在之後的八年間，我完成了大學和研究所學業，成為了多倫多最年輕的心理治療師。很快我便建立了一所非常成功的私人診所，也獲得了很多個人及職業上的成功，但還是感覺有什麼東西缺失了。

二〇〇六年的秋天，珍妮特．艾特伍德來到了多倫多，我初次接觸到生命熱情測試。當我寫下自己的熱情時，所有過去的夢想和希望都凝結成了一句話：「我是一位卓越的心靈導師，幫助許多人重振心靈。」只是寫下這句話，我的臉上就不禁浮現出了一個大大的笑容。而在釐清了我的頭五大熱情後，我也發現「環遊世界」對我來說非常重要，然而我卻沒有活在這份熱愛裡。

那一刻，我發現儘管獲得了種種成功，但我的靈魂使命尚未完成。雖然我很愛和個案們一對一諮商，但是我真正的渴望是能夠一次鼓舞成百上千人，幫助他們發現自身的偉大，為世界帶來深刻的轉變。生命熱情測試讓我看到一個嶄新的自己，珍妮特的演講也給了我忠於內心的勇氣。

珍妮特不斷告訴我們，我們無需擔心熱情會怎樣實現。她說，一旦你開始依循自己的熱愛做出選擇，你的人生使命便會自然而然慢慢清楚。我帶著覺知設定意圖：我會遇見對的人來幫助我將心中熱愛化為實際行動。我並不知道這個意圖會怎樣實現，如何發生。

就在九天後，我參加了一場研討會。那裡有幾百個人正在排隊等待進入會場，站在我前面的是兩個和我年齡相仿的年輕人，一個名叫克利斯蒂安，一個叫阿里。我們簡要地聊了一會兒，隨即就進入了會場大廳入座，我也把這次簡短的相互介紹拋之腦後。

研討會第二天，我又偶遇了克利斯蒂安和阿里，我們聊了更多，我對他們也有了更多了解。午餐時分，我正準備和一位新朋友一起去吃飯，突然我有一種直覺，覺得應該再進會場看看有沒有人想和我們一起用餐。我站在那裡等了一會兒，也不知道自己到底在等誰。沒多久，我聽到有人叫我的名字，原來是阿里。

我的內心響起珍妮特的聲音：宇宙中沒有偶然。

我了解到克利斯蒂安和阿里即將完成學業，成為專業脊椎治療師。他們一邊吃沙拉，一邊跟我講述他們二〇〇五年夏天騎單車穿越加拿大的經歷。他們拜訪了很多青年俱樂部，傳播自己的健康理念。

他們夢想著在二〇〇七年夏天從洛杉磯騎至紐約市，其間舉辦一些啟迪青年人的大型活動，他們想找三個合夥人共同來做這件事。克利斯蒂安和阿里栩栩如生地分享著一邊進行全國單車冒險之旅、一邊幫助人們的心靈成長這一願景，這趟旅行預計需要十週。

我在傾聽的過程中，感到內心越來越激動，因為我的兩大熱情就這樣被兩位陌生的朋友呈現在我面前。

「我可以加入嗎？」我不禁脫口而出。與此同時，我的小我則在內心尖叫著：「我已經十多年沒騎過單車了，而且我還有自己的事要做。」但是我的每一個細胞都在說「好」！雖然腦海中諸多顧慮的聲音在奔騰，我依舊記得珍妮特的教誨：「無論何時，當你面臨一個選擇、決定或機遇時，永遠選擇你的熱愛所在！」

那一天，我選擇了自己的熱愛所在。看到我這麼興奮，阿里和克利斯蒂安也倍感振奮，但是要讓單車之旅成行，還需要兩位騎士加入。

第二天我邀請這兩位新夥伴參加了一場活動，這場活動是受傑克・坎菲爾的啟發而舉辦的，主題為「五年後的自己」，我帶上了我的朋友克莉絲蒂，阿里和克利斯蒂安則帶來了另一位朋友沙赫。奇蹟就在那晚發生了。

我們都進入到了彷彿已是五年後的自己的狀態，帶著未來的性格特質，談論著彼此的熱愛與夢想。雖然才剛認識不久，我們卻發現彼此非常投緣。就這樣我們組建了單車隊，我們給自己取的隊名是「夢想隊」，意在讓自己和他人夢想成真。

我和這幫新朋友分享了熱情測試和它帶給我的影響，他們也都馬上做了熱情測試並非常喜歡這套體系。我們共同有著幫助世界的熱情，並一起創建了我們的熱情標誌，準備要吸引所有夢想成真所需要的人事物來到我們身邊。接著我們日夜兼程地制定詳細計畫，一天早晨，我突然冒出一個想法：「為什麼我們不在騎行途中帶領全國各地的年輕人做熱情測試呢？去幫助他們清楚自己的人生使命，難道不是一個好主意嗎？」

我跟隊友們分享了這個想法，他們都雙手贊成。我認識一位策劃珍妮特在多倫多演講的朋友，便從她那兒要到了珍妮特的電話，我撥通電話，詢問珍妮特我們五個人能不能在她來多倫多期間與她共進晚餐，因為我們有非常感動人心的消息想告訴她，她欣然同意。

會面當天，我們迫不及待地告訴她我們的主意，而她即刻回應：「當然沒問題！我覺得我們還可以增加一點色彩。」第二天，珍妮特為我們引薦了佩里埃利斯（Perry Ellis）的活動總監柯琳·亞當斯（Colleen Adams），我們的夢想正式啟程了。

我們的團隊集思廣益，將單車之旅取名為「點燃美國」。當我們告訴珍妮特這個名字時，她建議我們再加上「熱情」一詞，我們一致同意，所以最後「點燃美國熱情之旅」誕生了！我們每個人都認真實踐熱情測試的法則。當我們深入探索內心時，我們發現了許多以前從未正視過的事。

我們每個人都有過重大創傷經歷，當我們談及這些經歷時，才意識到正是這些經歷讓我們可以和孩子們連結，向他們展示生命的無限可能性。如果沒有這些經歷，我們無法做到這樣的啟迪。經過這趟旅程我們越發清楚，生命中的每一刻真的都是一份寶貴的禮物，這份禮物會在有人需要它的時候出現。

在活動過程中，我們收到了許多支持。柯琳·亞當斯也在其中融入了自己的熱情——幫助拘留中心的年輕人改變人生。當我們環美騎行、在俱樂部帶領青少年做熱情測試的時候，珍妮特和柯琳也加入了我們，在其中五座城市的少年拘留中心展開熱情測試課程。

現在，我們的環美騎行之旅還收到了來自非營利教育組織「學習論壇基金」的贊助，該組織的創始人芭比．迪波特（Bobbi DePorter）同時還是著名的「超級營地」專案發起人，世界頂級行銷大師傑．亞伯拉罕也在幫助我們出謀劃策，《祕密》影片受訪導師和《心靈雞湯》叢書作家瑪茜．西莫芙和麗莎．尼古拉斯（Lisa Nichols）也加入了我們的董事會，莫特健康系統的創辦人泰德．莫特醫生（Dr. Ted Morter）也給我們提供了幫助。除此之外，我們還收到了來自全美各地民眾的大力支持。

我們的故事尚未結束，但僅僅是這個創造和籌備的過程已然改變了我們。我們五個人成為了更緊密的夥伴，彼此相互關心與支持，這讓我倍感珍惜，而那股共同願景的力量也徹底點燃了我們。我滿懷欣喜地期盼著它成行，同時，我也非常感激熱情測試讓我感受到一種充滿熱愛、滿懷激情的人生意味著什麼。

享受旅途本身

瑪茜・西莫芙的著作曾多次榮登暢銷書榜，她的書《快樂，不用理由》（*Happy for No Reason*）講述了有關「幸福」這難以琢磨卻又為人們深切渴望的體驗。我們採訪了瑪茜，問她到底什麼可以帶來幸福，稍後我們會與你分享。不過現在，讓我們首先來談談你的幸福體驗吧。

是什麼創造了真正的幸福呢？在你生命的哪些時刻，你感受過幸福？許多人將幸福與成就聯繫在一起：「待我成功晉升、賺到更多錢、找到我的靈魂伴侶後，我就會幸福了。」

你的生活中是否認識一些有著極強目標導向的人，他們在生活中達成了許多成就，看起來依然不是很幸福？不幸的是，這種情況屢見不鮮。

回想一個過去你曾設定過、並最終達成的大目標吧，為了達成那個目標你付出了多久的努力？達成之後你慶祝了多長時間？一旦目標達成後，那個目標本身還能讓你開心嗎？

幸福的祕訣在於在每時每刻去發現它，而非等待它在某個目標達成後降臨。活出充滿熱情的人生所帶來的滿足感來自於創造的過程本身，達成一個目標所帶來的幸福轉瞬即逝。還記得黛比・福特所說的成為《紐約時報》暢銷書作家的經歷嗎？

幸福是一隻善變的野獸，它在我們舒展和收縮期間來來回回。瑪茜說，「快樂，不用理由」意味著一種深刻的滿足感，它來自於你與真我深深相連。

在一部古老的印度吠陀經典著作中，有這樣一句話：「人能控制的唯有行動本身，而非成敗結果。」**你沒有辦法確保一定能實現生命中的任何目標（即你的行動結果），你唯一能決定的是做什麼、採取何種行動，去創造你想要過的人生**。

這就是為什麼熱愛自己所做的事情如此重要。你生命中的大部分時間都在經歷創造的過程，而非體驗該過程帶來的結果。每當你實現了一個夢想、達成了一個目標，你會慶祝，你會享受，然後你又會開啟下一個夢想的創造歷程。

當你愛著過程本身，幸福就自然而然出現了。還記得我們在本書 Part1 提過熱情和目標的不同嗎？熱情是關於你如何度過你的人生，而目標是關於你選擇在人生中創造的結果。因此，當我們邀請你寫下你所熱愛的事物的清單時，我們讓你以這樣的句子開頭：「當我過著理想的生活時，我（是什麼樣子）／我（正在做什麼）＿＿＿＿。」

填充這句話正是在幫助你定義你的過程，定義為了活得有熱情、有使命感，你的生活中需要哪些元素，這個句子會幫助你確定為了在整個過程裡感到幸福和快樂，你需要什麼。

如果你這樣寫：「我住在可以遠眺大海的美麗房子裡。」其中「我住在」這一部分就是你的熱情所在。住是一個過程，你的目標可能是擁有一套可以遠眺大海的房子，但如果你只是擁有了它，卻不住在其中，那你還在活在你的生命熱情裡嗎？

那麼，如果你現在尚未擁有這樣的家，你可以怎樣活出這項熱情呢？每當你面臨一個選擇、決定或機遇時，你要問自己：「這個選擇或決定能讓我更接近住在美麗家園這項熱情，還是遠離它？」如果答案是肯定的，那就去做吧；如果不是，那就不要做。

隨著你不斷做出這樣的選擇，你會發現自己的天命正在徐徐展開，而你被這個非凡無比的過程所點燃。在這個過程中當然不乏挑戰，正如「點燃美國熱情之旅」團隊所發現的那樣，但在這些挑戰中也隱藏著最棒的禮物。

深入痛苦後，方能超越痛苦

我們過往的信念、概念和想法帶我們創造出此刻的生活情境，在這層層信念、概念與想法之下藏有一個美妙的世界。這是一個喜悅的世界、賜福的世界、圓滿的世界，對這樣一個幸福世界的體驗就如同雲層後的太陽那樣，從未完全消失，只是有時我們看不見。

珍妮特是在多年前開始了解這個世界的，一些意外的經歷使她發現了撥雲見日的方法。

珍妮特：許多年前我與克里斯還是夫妻的時候，我在瑞典參加了一堂關於深度呼吸的課程。課程導師解釋，有時在進行這種呼吸的過程中你會感覺非常痛苦，她說：「每當你感受到痛苦時，可以徹底深入痛苦之中，最終你便會超越它。」這番話我從未忘記。

「**徹底深入痛苦之中，最終你將超越這份痛苦**。」

我們的婚姻裡有段時間發生的事讓一方或雙方都非常痛苦，那時克里斯的第一反應便是切斷連結，然後他會立刻想要逃離那樣的時候（聽起來是否很熟悉？），我試著向他解釋我學到的「深入痛苦之中」是怎麼回事。

「分離會讓人痛苦，」我告訴他，「當你疏離的時候，你其實只是把痛苦埋了起來，最終有一天它還會再度浮現。與其這麼做，不如深入痛苦當中，在痛苦的另一邊是平靜和全然的幸福。」

一開始他對這些話非常抵觸。然後有一天克里斯下班回家，深感受傷，因為他費勁千辛萬苦挽救公司，但不管做出什麼努力，公司的創始人依然犯著同樣的錯誤，做出錯誤的決策。他不聽克里斯的建議，公司也瀕臨破產的邊緣。那一天，克里斯發現已經支付不起員工的薪水了，他感到非常驚恐和心碎。回到家時，我可以看到他因長期努力挽救公司的命運而積累的壓力終於在這一刻爆發。

當天淩晨三點鐘，克里斯把我從睡夢中叫醒，因為他無法控制地渾身顫抖，怎麼也停不下來。

「深入痛苦之中，克里斯。」我對他說，「躺下來，深深地吸氣、呼氣，全然感受那份痛苦。」我央求。

他無法控制痛苦的喘息，也不知道還可以做些什麼，因此就躺了下來，跟隨我的指令。

「克里斯，百分百地向那份痛苦臣服，」我說，「不要抗拒它。」

他持續地做深呼吸，並全然深入感受痛苦，大約一個小時過後，他看著我，臉上帶著最寧靜幸福的笑容。那一刻他終於明白了，原來真的如我所說的那樣，在痛苦的另一邊，無論是身體痛苦、還是思維、情緒上的痛苦，都是平和、寂靜和全然的幸福。

許多年後，我又有了一次更深刻地體驗這句話的機會。

有一天，我正端著一大盆熱水，突然間，我腳底一滑，那盆滾燙的熱水從我的脖子開始潑濺到我整個前身。光是想起那一時刻依然令我心驚膽戰，那是我所經歷過肉體上的最極致疼痛。僅僅幾秒鐘的功夫，我的身體便重度燙傷了。在做完緊急處理後，我唯一能做的便是躺在床上，任何一個微小的移動都會讓我疼得撕心裂肺。我完全沒有辦法讓床單或被單碰觸肌膚，因為任何一個微小的擦傷都會讓我的身體痛苦到抽搐，極度難忍。

我仍記得好幾個小時我就那麼躺在床上，深陷於痛苦之中，我在想：「這噩夢般的折磨什麼時候才能結束？」不論我怎麼小心放置自己的身體，都沒有任何方法能給我的疼痛帶來半點緩解，那股痛已經讓我筋疲力盡了。

就在這時，神奇的事情發生了。就在我再也無法忍受痛苦的時候，我記起了我的瑞典老師多年前說過的那句話：「深入痛苦之中。」

於是我躺在那裡，一邊完全被強烈的痛苦包裹住，一邊將自己的注意力百分百地聚焦在那股痛苦之上，正如我的老師告訴我的那樣，也如多年前我建議克里斯做的那樣。

一開始，那簡直是我人生中最痛苦的經歷，但此後，彷彿魔法一般，我的意識穿透了可怕的痛苦之牆，抵達了一個無痛之境。當我全然臣服於痛苦之時，不知怎的，我不再感受到任何痛苦了，隨之而來的是全然的平靜，百分百的無痛的平靜。

「徹底深入痛苦之中，最終你將超越這份痛苦。」我的老師曾經說。

我這麼做了，然後我再一次發現：「幸福始終都在那裡！」

這種極樂的狀態就是瑪西所說的「快樂，不用理由」，它始終都在，它也始終可以企及。但若你執著於與真相相悖的信念、概念與想法，你就會與這種狀態無緣。

思維或情緒的痛苦是執著於不真實的信念所導致的，只要你緊抓著自己信以為真、實際與真相相悖的信念不放，你就會體驗到苦。如果你逃離那份苦，或者用酒精、食品、藥物、電視或別的方式來麻痺它，你只是將其掩埋了，它還會捲土重來，的確如此。

如果你允許自己去感受那份痛苦，雖然一開始可能會很不舒服，但你已經開啟了療癒的旅程。有些人稱之為「站在火焰當中」，站在其中，徹底感受，你會抵達一個臨界點，在那裡你將發現極樂之福，你會發現自己「無來由的幸福」。

瑪西．西莫芙就此主題寫了一本書，讓我們來聽聽她對幸福、熱情和使命的看法吧。

幸福會留下痕跡

瑪西．西莫芙是史上銷量最多的自助叢書《心靈雞湯》的女性作者之一，她撰寫了該叢書中的六本暢銷書，被譯成了三十三種語言，在全世界暢銷了一千三百萬冊，同時也蟬聯

《紐約時報》暢銷書榜長達一〇八週（其中連續十二週穩居榜首），並在《今日美國》（*USA Today*）和《出版者週刊》（*Publishers Weekly*）排行榜上名列前茅。瑪西是有史以來最暢銷的女性非小說類作家之一，她也是現象級暢銷書和電影《祕密》中的受訪導師。她將新書恰如其分地取名為《快樂，不用理由》。

我們都來自於同一個源頭，那個源頭是純粹的喜悅、純粹的愛和純粹的幸福，那是我們的本質。為了體驗到真正的快樂，我們只需要感受與我們源頭的連結。當人們過著一種與熱愛相符的生活時，他們就是在過著與其靈魂與天命相符的生活——那會給我們帶來真正的快樂與幸福。

許多年間我跟隨很多偉大的領導者、導師、智者學習，他們身上散發著一種幸福的狀態，那種狀態非常深刻而堅實，無論走到哪兒，他們都會將那份幸福感帶到那裡。當他們處在非常糟糕的境遇裡，卻依然可以保持幸福。

我想：「這種快樂和幸福就是我想要的。」如今，人們忙碌地努力獲取各種東西，為的就是讓自己快樂，卻並不奏效。一旦你達成一個目標，很快另一個目標就會在前方等著你，幸福總在未來——那只是一種短暫的幸福。

我知道有一種狀態叫做「無來由的幸福」，那是一種平和、健康和幸福的神經生理狀態，現在已有許多神經生理學方面的機器可以測量出這種狀態，而且它是可以企及的，它是一種不依靠外力而存在的狀態。

常言道：「成功留痕。」如果你去研究成功人士的行為習慣並效仿他們，你也會獲得成功。幸福也是如此，幸福會留下痕跡，你需要做的只是去深入觀察一群真正幸福的人，你會發現他們身上有一些關鍵的共同特徵。

或許幸福的人第一大特徵便是對宇宙存有一種整體信任感。愛因斯坦說，你能夠問的最重要的一個問題便是：「這是一個仁慈的宇宙嗎？」

換言之，宇宙中存有仁慈嗎？宇宙在支持著你嗎？我發現那些真正幸福的人都對宇宙和生命有一種信任感，他們相信宇宙和生命完全依照其本貌而發展。即使有時生命的外在情境並非如己所願——因為我們無法控制周遭世界——他們仍然有能力保持幸福。

此外，真正幸福的人能在所有發生的事情中找到禮物。所以如果某些事和自己預期的不同，他們仍能看到其中存在的禮物，他們能夠接納事情如其所是。他們還會主動選擇去做讓自己感覺好的事，而非將注意力和精力放在令人感覺糟糕的事上，他們習慣於關注美好的事物。

一個有著深刻幸福感的人，無論走到何處，無論身處何境，都會帶有一種意義感。即使此刻他們只是在給汽車換機油，也會給這件事賦予一份喜悅的意義。

許多關於退休人員的研究調查令人深思，很多人退休不久便離世了，為何如此呢？因為他們失去了存在的意義，因此選擇離開這個世界。我們的意義感能夠幫助我們帶來生之喜悅。

我很喜歡講述這個故事——在我的一生中，我所認識的最幸福的人便是我父親。我的父親非常熱愛工作，他是一名牙醫，他喜歡當牙醫。他在七十二歲的時候非常不情願地退休了，他曾看過退休人員可能遭逢的情境的相關資料。

因此他說：「好吧，我最好再給自己找點別的事做，找到新的意義感，找到其他我熱愛的事。」他分析了一下為什麼自己喜歡當牙醫，發現自己並不是喜歡往人嘴巴裡塞填充物這件事，而是喜愛運用雙手做精細的工作，以自己覺得有藝術感的方式進行勞作。

所以在七十二歲的年紀，他拾起了針線活，開始成為一位針線大師，他非常喜歡！我記得在他八十五歲的時候，有一天我回家看他，發現他剛開始創作一幅我所見過最大、最複雜精細的針線作品，這可是一位八十五歲的老人，居然在進行這麼龐大的工程。

我問他：「老爸，你需要花多長時間才能完成這幅作品？」他說：「親愛的，我估算了一下自己的速度，大概需要花四年吧！」八十五歲開啟一個為期四年的作品——但是他帶著一種使命感在做！他最終完成了那個作品嗎？當然！

他完成了他的大工程，我想，正是他投入其中，臨在每個當下，將他的愛、熱情與使命感帶入自己所做的工作，才使得他能夠創造精美絕倫的針線藝術品。實際上，他還贏得了全加州針線作品大獎呢！

不論我們幾歲，我們都可以在所做的事情中找到意義感，這對我們的幸福來說至關重要，而幸福的狀態本身又能讓我們為手頭的事情注入更多的喜悅感。

我最喜歡的找尋意義感的方式便是做熱情測試，我推薦身邊的每個人都去做熱情測試，與自己的人生使命校準一致。不僅如此，你還會覺察到生命中有哪些事物能讓你的靈魂為之振奮。

大多數人在一天之中都忙於種種例行公事，而沒有留意自己的心和靈魂在對自己說些什麼。有一些神奇提問能讓你知道自己的熱愛所在：**什麼事情能讓你的心為**

之擴展？什麼事情能讓你感到滿足？什麼事情能讓你的靈魂真正歡唱起來？

然後去留意宇宙帶給你的種種跡象，因為一路上總是會有共時性事件和跡象引領著你，幫助你看見哪條道路更加符合你的內心所愛。

最重要的是要傾聽自己的內心，傾聽你的內在智慧之源，而非聽從你的頭腦。頭腦不斷訴說著你應該做什麼、你不得不做什麼、你需要做什麼、別人期待你做什麼；但是你的心——如果你聽得足夠仔細——始終在訴說著你的靈魂之音。聽從內心的聲音，依循它過好自己的生活，你會發現，你將感受到無來由的幸福，你將活在自己的生命熱情裡。

愛是宇宙間最偉大的力量，沒有什麼比愛更加有力，讓愛來指引你找到答案，讓愛來指引你找到人生使命，讓愛來指引你的生活，你的生活便只可能通往純粹的幸福、純粹的真理和純粹的喜悅。

在這則有關活出生命熱情的訪談中，有哪些關鍵要點？

1. 我們都來自同一個源頭，那個源頭是純粹的喜悅、純粹的愛與純粹的幸福。
2. 當你過著與自己熱愛的事和諧一致的生活，你就是在過著與你的靈魂與天命和諧一致的生活，那是帶來真正的幸福的事情。

3. 有一種狀態叫做「無來由的幸福」，它是在神經生理學中可測的一種幸福、平和、健康的狀態。
4. 幸福會留下痕跡，真正幸福的人有其共同的特點。
5. 真正幸福的人信任宇宙和生命完全依照其本貌發展。
6. 真正幸福的人能在所有發生的事情當中找到禮物。
7. 一個有著深刻幸福感的人，無論走到何處，無論身處何境，都會帶有一種意義感。
8. 有一些神奇提問能讓你知道自己的熱愛所在：什麼事情能讓你的心為之擴展？什麼事情能讓你感到滿足？什麼事情能讓你的靈魂真正歡唱起來？
9. 最重要的是要傾聽自己的內心，傾聽你的內在智慧之源，而非聽從你的頭腦。
10. 讓愛來指引你的生活，你的生活只可能通往純粹的幸福、純粹的真理和純粹的喜悅。

第14章

追求熱情，是生命的根本

「你來到這裡的目的不僅僅是維持生計。你來到這裡是為了帶著更廣闊的願景、更崇高的希望與成就精神，讓這個世界變得更豐盈美好。你來到這裡是為了讓世界更豐富。如果你忘記了自己的使命，就剝奪了與生俱來的財富。」

——伍德羅·威爾遜（Woodrow Wilson），前美國總統我叫妮可・維爾德，是全國慈善機構「婦女聯盟」的執行主任，這家機構致力於為低收入女性賦能。過去十年來，我一直為需要幫助的女性提供力所能及的支持，這也是我的熱情所在。

二〇〇六年一月，我有了自己的孩子，成為了一名新手媽媽，並開始在邁阿密一個貧困街區經營一家叫做「第二篇章」的零售商店。

當時琳達・彼得森是彼得森・哈雷大衛森公司的共同業主。我倆斷斷續續合作了十多年，我們都全身心投入於幫助無家可歸的婦女蛻變，幫助她們擁有全新的生活。我們都渴望能為我們的母親帶來榮耀，她們那一輩習慣犧牲自己，希望我們和下一代女性能夠勇敢地在世界上發聲，找到自己的人生使命。

今年一月，琳達打電話給我，她說她會在四月贊助「黑領帶與藍牛仔」慶典活動，以紀念她的丈夫。她希望婦女聯盟能夠成為本場活動的慈善基金捐款對象，為此我備受鼓舞。

我們一起著手籌備這場活動，去全城各地參加許多女性團體的正式會議與休閒聚會活動。在一次特別的會議中，我們遇見了一家主流雜誌社的執行長，她走過來祝賀我們的工作所取得的美好成果，我倆當時脫口而出：「嗯，這就是熱情迸發的力量。」

她說：「這是我聽過的最棒的標語！你們可以申請當作網址名稱，它真的棒極了！」

就這樣，琳達一回到家，就用谷歌（Google）搜索了「熱情迸發的力量」的關鍵字，當時排名最靠前的網站便是生命熱情測試網站。她對這個名字非常好奇，於是點開了網站，訂購了相關電子書和兩本平裝書，自己也做了測試。

琳達非常喜歡這個簡單的測試流程，她很驚嘆這個簡單的工具竟能幫助她搞清楚什麼是自己人生中最重要的事。她也相信這個工具能夠幫助很多無家可歸的女性開啟全新的生活，於是她即刻想到了邀請珍妮特成為我們年度午餐會的演講嘉賓，幫助在邁阿密的兩百位無家可歸女性。

次日，琳達翩然而至，出現在了「第二篇章」裡，她堅定地站在我的辦公桌前，說服我發郵件給克里斯和珍妮特，向他們申請兩百本簽名書，以及與他們開一個電話會議。我們帶著美好的期盼發送了這封郵件，一天後，我們收到了珍妮特的回覆：「我們聊聊吧！」

在我們的第一次電話會議中，珍妮特說她內心一直保有一份特殊的熱情，就是去幫助有需要的女性，因為她的母親一生也因類似問題而過得十分艱苦。我們邀請珍妮特來邁阿密，將熱情測試分享給我們兩百位無家可歸的女性朋友，她毫不猶豫，立刻回答：「好的！我來看一下日曆，看看什麼時候合適。」

「黑領帶與藍牛仔」慶典活動最終大獲成功。我們知道我們還需要一位合作夥伴加入我們「熱情迸發的力量」團隊，我們想要一位能帶來獨特視角、能讓團隊更加平衡的夥伴。

大約就在那個時候，我與湯瑪斯·庫克重新取得了聯繫，他被稱為構建戰略聯盟關係的「發電機」。我曾與他密切合作，為婦女聯盟發起過許多特別的活動，其中包括與歐普拉、約克公爵夫人（Duchess of York）、艾倫·狄珍妮（Ellen DeGeneres）和蘿西·歐唐納（Rosie O' Donnell）等知名人士的合作。湯瑪斯和我及琳達一樣，都深懷使命感，他有過瀕死體驗（而且是兩次！），從死亡邊緣倖存後，他立志餘生要傾力助人。

二〇〇六年六月，湯瑪斯、琳達和我在華盛頓特區見面，我們的「熱情迸發的力量」團隊也正式成立。我們都致力於讓世界看到一個人來自何方並不重要，重要的是我們在最深的層次上都彼此相連。我們每個人都可以深入內心，為他人的生活帶來價值和改變。不過那個時候我們還不知道我們的專案會把我們帶往何處。

七月三十一日凌晨五點，我的女兒伊莎貝拉把我從夢中叫醒。我醒來重新哄她入睡後，腦海中忽然閃過了「一根紅色迴紋針現象」（那個用一枚紅色迴紋針換得他人房子的傢伙），因而有了靈感。熱情測試點燃了我的想像力，我想：「或許我可以用熱情測試的書，為婦女聯盟換得百萬美元的捐款！」這可以是我們「熱情迸發的力量」團隊開啟的第一個項目。

我們將書籍發布到克雷格列表網站（Craigslist）一個月之後，來自好萊塢的唐娜．戈爾茨坦博士（Dr.Donna Goldstein）用一幅價值一百七十五美元的畫作交換了這本書。不久，《心靈雞湯》叢書的合著者馬克．維克多．漢森用價值八百七十五美元的產品換取了那幅藝術畫作。

緊接著，企業家兼慈善家金．凱利（Jim Kelley）用一輛一九九九年的限量版哈雷摩托車換購了這些產品及所有配件。再往後，琳達的丈夫安德魯．彼得森也加入了這次活動當中，安德魯貢獻出了一台二〇〇七年產的哈雷發動機與變速器，現在我們已經擁有建造一輛能完成使命的機車所需的一切要素。

我們團隊組織了一場熱情機車之旅來提高該項目的知名度，我們成功吸引到了一百名哈雷騎士、支持者與擁護者，組成了一支菁英團隊。由十六名員警為我們開道，我們自豪地穿越了整個邁阿密城，沿途對行人招手致意，綻放出我們最燦爛的笑容。

金．凱利也從波士頓飛來，在活動期間與安德魯．彼得森達成了合作，共同為「熱情迸發的力量」專案打造出了「虎尾摩托車」（我們的專屬機車名）。珍妮特也成為了我們的嘉賓，與為我們開道的警車隊伍一起騎，再一次見證了真正的熱情測試精神，這份精神在行動中熠熠生輝。

我們也體會到了萬事皆有可能，不過在一切可能性被撬動之前，我們必須先弄明白自己想要的生活到底是什麼樣貌。生命熱情測試為我們打開了那扇門，奇蹟接踵而來。

珍妮特在我們的「希望之蝶」午餐會上，向兩百名處於生命轉折期的無家可歸女性做了演講，並大獲成功。此後，珍妮特還與婦女聯盟合作發布了《為女性賦能》系列CD，每月在邁阿密收留中心定期播放，這系列的演講嘉賓還包括拜倫．凱蒂、琳恩．崔斯特、瑪茜．西莫芙、麗莎．尼古拉斯、里基．拜爾斯．貝克維斯（Rickie Byars Beckwith）等知名女性心靈導師。

我們幹勁十足，而這只是一個開始。「熱情迸發的力量」團隊正準備開啟「萬里挑一」全國活動，打算以每張一美元的價格出售一百萬張抽獎券，獎品是虎尾摩托車。我們想用行動來證明生命熱情測試教給我們的——一切皆有可能，為所有母親、養育者的工作而喝彩，為婦女聯盟的重要工作而喝彩。

「我們與周遭世界及周圍的人是相互分離的」——這種想法帶給我們恐懼和苦難，一旦你意識到這種分離感其實只是一種不真實的概念，那麼一個全新的、充滿可能性的世界就會在你面前打開。前面故事中的妮可、琳達和湯瑪斯發現了這一點。

接著，讓我們想一想，你可以在你的生命中著手去創造什麼樣的奇蹟？

你熱愛的一切會為你指引方向

生命熱情就像是那些撒在歸家路上的麵包屑，沿著它的指引你就能找到回歸真我之路。在這一路上，你可以根據需要經常做熱情測試，甚至每隔幾天或幾週做一次都沒問題。至少，每隔半年要重做一次熱情測試。這個過程就像是剝洋蔥一樣，每一次你都會對自己有更深層的發現。

你已辨識出了自己最愛的是什麼、最關切的是何事以及什麼於你而言最為重要，現在你已對自己有所了解。此後，如果你繼續帶著要優先選擇生命熱情的意圖去過人生，你對自己的認識還會逐步加深，就像「點燃美國熱情之旅」團隊所體驗到的那樣。

有時，依循熱愛做出選擇十分簡單；有時，它略顯艱難；也有的時候，我們的熱情會突然發生改變，就像珍妮特發現自己的繼母病危時那樣。無論是哪一種情形，都會讓你對真我有更進一步的了解。我們鼓勵你至少每半年重做一次熱情測試，因為這會有助於評估你所學到的知識。

不論是六個月還是六週，**只要你發現自己莫名無法再按照先前寫的五大熱情來行動了，這就是一個訊號，表明你需要重做一次測試了**。為什麼呢？因為顯然在你的生活中有一些事情比你先前寫的那些更為重要，你雖渾然不知，卻不由自主地傾向於做那些事。

有時候頭腦還會愚弄你一番。你可能會寫下一些熱情，並且真心認為這對你來說就是最重要的，但往往你的行動會表明一切。所以，如果你發現自己不由自主就優先做了別的事，而不是你先前寫下來的那些事，請留心觀察。你可以重做一次熱情測試，這一次請留意你當下不由自主做出的選擇。無論你現在選擇做了什麼，那都是於你而言真正重要的事，至少當下看來確實如此。

如果你的選擇與你自認為很關心的事物不太吻合，那麼你可以使用拜倫・凱蒂的「功課」，或者其他工具來探究導致你做出這些選擇的深層信念、想法和觀念。

如果你無意識選擇的並非於你而言真正重要的，那麼你做出這些選擇的原因是你抱有一些不真實的信念、不真實的概念或不真實的想法，請去探尋對你而言何為真實，然後開始優先選擇你的熱愛所在。

可能有人會說，難道一直選擇做自己熱愛的事不是一件很自私的事嗎？別人想要的、別人需要的東西怎麼辦呢？我們常說：「當你去做對你而言最好的事、帶給你最大喜悅的事，每個人都會贏！」試想一下吧！

在我們大多數人的成長歷程中，都被灌輸了何為「好」、何為「壞」的信念。這些信念的差別就好像「你的意志」和「上天的旨意」之間的差別，或者說是「你的意志」和「生命的旨意」之間的差別。如果你在做某件事情的時候感覺並不好，卻執意去做，只因頭腦認為這是件「好事」，那就彷彿在說：「我比老天爺更知道如何統籌這個宇宙。」黛比・福特在建議我們「辭任宇宙大管家」時，指的就是這一點。

不久前，珍妮特在一場演講中遇到了一位女士舉手提問：「我家中還有孩子要養，這種情況我怎麼可能選擇去做自己熱愛的事呢？

珍妮特問她：「你熱愛做什麼？」

她回答：「我真的很想從事時尚相關的工作。」

珍妮特繼續問：「如果你待在家裡，心裡一直想著都是因為要照顧孩子，你才無法活出自己的熱愛，你有沒有因此而煩躁過？」

這位女士回答：「有，一直很煩躁。」

珍妮特又問：「你有沒有因為覺得被束縛、覺得煩躁，而對孩子或丈夫生過氣？」

「有。」

「那麼請告訴我，怎樣才是更好的選擇呢？也許你可以找一份時尚行業的兼職工作，然後花些時間陪伴孩子；又或者你還是繼續按照老樣子生活？當你不去做令自己真正快樂的事情時，你又在向孩子傳遞什麼樣的訊息呢？你是否可以保持足夠開放的心態，想一想，或許你之所以心懷這樣的渴望，是因為它本來就是你命中注定要去圓滿實現的事？而你是否能看到，這麼做也許會給你的心帶來快樂，終結你的沮喪，從而創造更有愛的家庭生活？」

那真是一個頓悟時分，這位女士突然看見了這樣一種可能性：她可以一邊從事自己熱愛的事業，一邊照顧好自己的孩子。

你不必知道怎麼才能達成，你只需清楚你真正想要的是什麼。

對大多數母親來說，孩子和家庭本身就位列她們的五大熱情之內，但當一個母親無比渴望去做別的事情的時候，也必定事出有因。倘若你像這位女士一樣，非要強迫自己，費力掙扎著去做那些你認為「無私」的事，你只會讓自己變得痛苦不堪、彷彿是個受害者、感覺很不快樂，還要打著「為愛的人服務」的名義，這又是何苦呢？

如果你在自己的生活裡是幸福而圓滿的，你的杯子就像注滿了幸福的瓊漿，愛滿自溢，給予他人會變成一件自然而然、毫不費力的事。

我們在這裡誠邀你打開心扉，弄清楚你到底想要在生命中創造什麼，然後將自己的注意力聚焦在這些事物上，就讓宇宙去安排實現它們的路徑吧！

生命是為擴展我們的喜悅而來，走上遵循熱愛的道路意味著我們要放下自認為怎樣才好的那些既定概念，去相信我們始終被指引著。你所熱愛的一切會指引你去到最好的地方，不僅僅對你來說是這樣，對你身邊的人也是如此。

習慣依循熱愛去做選擇

當你對自己的了解逐漸加深的時候，你的熱情會越來越少改變。你會發現其實你擁有許多種方式去表達自己的生命熱愛，它們看似來自不同管道，卻都能同樣表達你所選擇的生活方式。

為什麼你的熱情不會再經常發生變動了呢？因為你越是深入生活的某個領域，就會與恆常不變的宇宙法則越緊密連結。生命的表層是無常的，生命的深層是恆常的。

我們的朋友史都華・艾默里、馬克・湯普森（Mark Thompson）和傑瑞・薄樂斯（Jerry Porras）合著了一本名為《成功長青》的書，書中研究了到底什麼能給人帶來持久成功。能獲得持久的成功，意味著這些成功者一定掌握了一些基本法則，而這些法則人人都可以效仿並運用於自己的生活當中。該書作者採訪了逾三百名在各自領域獲得長達二十年以上成功的人，包括麥可・戴爾（Michael Dell）、比爾・蓋茲（Bill Gates）、吉米・卡特（Jimmy Carter）、馬雅・安傑洛（Maya Angelou）、理查・布蘭森（Richard Branson）等人。

這些成功人士都有一個共同特點，他們都已經養成了習慣，優先去做對他們而言具有最深刻意義的事情，也就是說，他們都養成了依循自己的熱愛去做選擇的習慣。

逐步發現什麼能給予我們生命意義、什麼是我們的核心熱情，是一個過程。在這個過程裡，熱情測試可以成為有用的工具。一旦你確認你了自己的核心熱情所在，它們也將越來越少發生改變。

瑪茜．西莫芙的父親就是如此，在退休之際，他做出了一個決定，要繼續做自己熱愛的事，但他無法再沿用過去多年擅長的老方法，這迫使他不得不更深入思考。幾乎在他的整個成年生涯中，他都在用當牙醫這種方式來表達自己的生命熱情，於是他從更深的角度去回顧做牙醫這件事，才發現其中暗藏的真正熱情，是能夠運用自己的雙手從事技術精湛的手藝。

瑪茜的父親非常有創意，他意識到自己可以用截然不同的方式來表達同樣的熱情，於是他做起了針線活。所幸他沒有「針線活只有女人能幹」這樣的限制性信念，因而他能以全新的方式圓滿度過了生命最後的二十年。他倍感幸福，健康長壽，久享熱愛。

生命熱情測試很棒的一點在於你絕對不可能測試失敗，我們鼓勵大家儘管去測，別擔心你的熱情是否夠深入或夠深刻，也別擔心你有沒有一下子就找到自己的「核心」熱情。時不時做一次測試，持續優先做自己熱愛的事，你的核心熱情自然而然就會浮現。

一切都是最好的安排

物理學家告訴我們，在大自然最深處，我們用感官感受到的差異將不復存在。在最深的層面上存在著一個永恆不變的生命統一場，我們能感知到的多樣性與變化正是來自於這個統一場。

量子物理學家認為，存在於我們所在的物理世界最深處的統一場實際上是一個意識場，這個意識場有能力認識它自己，它正在經由我們每一個生命個體來不斷認識其自身。我們是這個根本意識的多樣化表達，逐步認識著自己的真實本質。你越接近那個真實本質，體驗到的喜悅就會越深刻。

發現個人的獨特天賦、特殊才華和深層熱情，能夠讓我們越來越深入地認識自己，從而體會到越來越大的圓滿。很快你便會意識到，這就是生命的意義所在——去體驗與日俱增的真正喜悅。這也是為什麼我們會說：「你所熱愛的和神對你的旨意是合一的，是同一件事。」神對你的旨意就是去體驗生命中越來越深的喜悅。無論你是否相信神的存在，這一點都不虛假。自然法則的結構以這種方式在運行，你越與心之熱愛和諧一致，就會越發快樂。

「自然導航系統」與存在的結構緊密相連。一旦你傾聽那些來自大自然的訊息，在感到舒展時採取行動，在感到收縮時暫停休息，你就會發現自己的生命在走向越來越大的圓滿。

萬物終究相連，你與自己的內在熱情越緊密連結，就會從為他人服務和不斷給予中體會到越深刻的喜悅。服務他人的時候，其實也是在服務你自己。

起先你會發現自己是多麼的獨一無二，你會找到那些與你完美匹配、讓你能夠奉獻天賦、充滿熱情的事，你會意識到世上沒有人能像你一樣做那些事情做得那麼好，沒有人能運用你的方式給身邊的人和周遭世界帶來服務。

此後，隨著這份洞見日漸清楚，你會發現透過送出自己的天賦禮物，你將體驗到無比深刻的喜悅。而你也會驚訝地發現，自己的世界彷彿如魔法般神奇地組織和運轉著，就好像是為了成全你而存在，成全你以超乎想像的方式為世界送出你的禮物。

話雖如此，但可別以為這條發現之路上盡是鮮花與掌聲。在這趟旅程中，還有非常重要的一步，**那就是我們要學習信任宇宙的仁慈，信任一切都是最好的安排，要對內在的指引完全充滿信心也著實不易**。

下面這則故事或許會讓你明白珍妮特對此有什麼樣的感受，這是她更深地觸碰到自己的真實本質之後所發生的事。

珍妮特：在印度普塔帕蒂鎮（Puttaparthi），我在一位知名古魯面前體驗了一番小我被摧毀和瓦解的經歷。在這段戲劇性經歷後，我坐上了返回美國的飛機，感到氣餒又沮喪，甚至無法入睡。於是我索性拿出了自己的珠寶材料，開始在飛機上製作起珠寶首飾。

我能夠非常嫻熟地製作漂亮的珍珠手鏈、耳環和項鍊，並且發現在長途旅行中空姐們往往會成為我的絕佳顧客。在一趟航班裡我可以輕鬆賣出價值兩百美元到四百美元的珠寶。而且空姐們很喜歡我給出的「空中特價」，她們會在梳妝鏡與我的座位之間興奮地來回走動，一次買上兩三件首飾。

就在從邦加羅爾飛往阿姆斯特丹的航班上，我正埋首製作著一條珍珠手鏈，這時一位身材高大的印度女性經過了我的身旁。她看了看我腿上的珠子，好奇地問：「你在做什麼？」

「做珍珠首飾。」我回答。

「真漂亮！」她讚嘆道。

「你呢？你要去哪裡？」我問她。

「我要去聯合國發表演講，主題是關於印度女性受到的壓迫問題。」

「這太酷了！」

我被她的重要職責吸引住了，於是問她願不願意坐在我身旁。這可真有意思，我剛上飛機時就換了座位，後來我才發現，如果我坐回原來指定的位置，這位女士就正好坐在我旁邊，我想有些相遇是命中注定的。

「你想不想學怎麼做珍珠手鏈？」我問她。

「好啊！」她應道，接過話便坐了下來。

「我叫珍妮特。」

「你好，珍妮特，我叫露絲。」

我一邊教露絲怎麼為她的兩個女兒編手鏈，她一邊給我解釋目前她正在印度邦加羅爾經營一個組織，組織中有兩萬六千多名女性。露絲告訴我，她成立這個組織的唯一目的是支持受壓迫的女性同胞。

「在印度壓迫女性的行為十分猖獗，男人們毆打她們，強姦她們，為了拿到嫁妝而娶她們，然後又拋棄她們。」她說。

我們就這樣邊串珠子邊聊了三個小時，露絲不停地講述著自己所經營的這個女性組織，最後，她也為兩個女兒編好了兩條真的很難看的珍珠手鏈。

等到飛機抵達阿姆斯特丹的時候，我們已經變得無話不談了。我們相互道別，互留電子郵件聯繫方式，這時露絲問我：「珍妮特，你覺得貧困的女孩也能學習製作珠寶首飾，像你一樣來賺錢嗎？」

「為什麼不能呢？」我回答說。

露絲聽到我的回答很高興，轉過身來認真地問我：「你願不願意再來印度一趟，教那些貧苦的女孩們製作珠寶？」

「當然，榮幸之至！」說完，露絲和我擁抱在一起，我們相互承諾要保持聯繫。

回到美國後，我還剩下兩週的假期，也沒有做任何計畫。雖然還有十天左右就到耶誕節了，但不知為何，我感受不到一點聖誕氣氛。每天我都待在家裡，腦海中揮之不去的是露絲的身影和她最後提出的那個請求。在我回到家的第四天，露絲和她那些貧困女孩們已經完全占據了我的大腦。

在從印度回來的第五天，我依舊沉浸在對露絲的想念和教那些女孩們製作首飾的思緒中，於是我忍不住馬上上網購買了一張返回印度的機票。回國的第六天，我收拾好了所有的首飾用品和一個小衣箱，就啟程飛往印度了。

其實我一直到登上飛往明尼亞波里斯的航班的那一刻才突然意識到：雖然我發了郵件告訴露絲我要去印度，但我還沒收到她的回覆呢！我居然就這樣魯莽上路了，我突然感覺有點崩潰。

一陣恐慌的寒意席捲了我的全身，現在正值耶誕節期間，而我在前往印度的路上，在那邊我並沒有真正意義上的親人和朋友，而且是獨自旅行。我不會收到禮物，也不會有人陪我過節，我感到非常脆弱和孤獨。

出於衝動的天性，我忍不住哭了起來。在抵達明尼亞波里斯的時候，我確信自己一定是這個星球上最古怪的人。我覺得又苦悶又沮喪，於是拿起電話直接撥給了我的好友拉蒂卡，她是少數知道我要來印度的人。

「拉蒂卡，我當時在想什麼啊？我是怎麼了？我是不是瘋了？我都還沒收到露絲的回信就衝動地上路了，我到底怎麼想的啊？」我氣憤地抱怨自己的魯莽，而拉蒂卡只是在另一端靜靜地聆聽著，「不僅如此，我還愚蠢地花了最高價買了這張機票。天哪，據我所知，露絲很有可能還在美國。」

就這樣，我不停地講了十多分鐘，回過神來意識到自己的行為後，我向拉蒂卡道歉：「我打電話的本意是想告訴你，我不去印度了。我想返回愛荷華，我需要有輛車來機場接我，你有空來接我嗎？」

拉蒂卡用一種緩慢、平穩、鎮定的聲音對我說：「珍妮，上飛機吧。那股力量與你同在。上飛機吧，車到山前必有路。我有一種直覺，沒問題的。」

「你確定嗎?」我還在誇張地哀嚎,害怕自己有可能做錯選擇。

「百分之百確定。」她說。

「好吧,我也希望是這樣。」

我懷著忐忑的心情向拉蒂卡告別,然後登上了飛機。

飛機抵達阿姆斯特丹後,在等待轉機期間,我跑到商務中心查看露絲是否回覆了我的郵件,我的雙手都在顫抖。正在我祈禱奇蹟降臨的時候,露絲的郵件神奇地彈了出來。

「太棒了!」她寫道,「我到時候去機場接你。我也會召集好二十位無家可歸的女孩,你第二天就可以開始教她們製作首飾。上帝保佑你!珍妮。愛你的露絲。」

露絲言出必行,第二天我把全部的珠寶材料都帶了過去,果然有二十個女孩在那裡等著我。在接下來一整週,天氣異常悶熱的情況下,我就坐在髒髒的地板上教女孩們如何製作首飾。我面臨的最大挑戰是自己不會說印地語,而她們也不會說英語,露絲介紹給我的兩位翻譯其實也不怎麼會說英語。不過我很快就發現,手語是全球通用的,儘管這樣的溝通過程有點慢,但我們所有人確實都開始理解彼此的意思了。

日子就這樣一天天過去,我留意到這些女孩們每天都穿著同樣的破衣裳。

「這些姑娘除了身上的衣物以外一無所有,最糟糕的是,她們住在路邊紙板搭建的棚子裡，」露絲說，「夏天她們不會睡在紙棚裡，而是睡在高速公路附近，因為汽車的聲音可以把老鼠嚇跑。如果她們待在棚子裡，老鼠就會趁她們睡著的時候咬她們的腳。」

露絲還說了更多發生在這些女孩身上可怕的事，比如她們的父親強暴了她們，而且她們的父母強逼她們在烈日下沿街乞討，每次長達十到十三個小時。

我深深地被這些小女孩不屈不撓的精神和不滅的勇氣折服了。我環顧房間，每個女孩都在認真串著首飾，她們一邊製作，一邊面帶微笑，有時甚至開懷大笑。我知道此時此刻一定是她們迄今為止的人生中，為數不多的幸福時刻。

到這週結束的時候，每個女孩終於都掌握了首飾製作手藝。她們的才華給我留下了深刻的印象，於是我准予她們學成畢業，加入我新成立的「珍妮媽媽珠寶俱樂部」。

當女孩們排著隊一一給我臨別的擁抱時，我忍不住低聲啜泣起來。為了迎接這個特別的時刻，露絲也提前教會了大家幾句英語。

「謝謝你，珍妮媽媽。」她們眼裡泛著淚花。

「我們愛你，珍妮媽媽。我們愛你。」她們齊聲說。

看著這些美麗、天真無邪的眼睛，我滿心無比的感動。我把她們一一緊緊地抱在懷裡，貼近我的心，忍不住淚如雨下。

「永遠都不要放棄，」我在她們耳邊低聲說，「也別忘了我愛你們。」

儘管她們無法完全聽懂我的言語，但是大家都哭紅了雙眼。我想，在那個星期裡，我們所有人都超越了語言的界限，開始使用同一種心的語言。

那一刻我也意識到，我才是那個獲得最多的人。與女孩們在一起的每一分每一秒、她們的一顰一笑都是上天賜予我的禮物。我知道我的心已經被完全打開，感激之情如海浪一般在我心中翻湧著，我無比感恩神給予我這個不可思議的服務機會。

我懷著激動的心情，給了每個女孩一個長長、大大的擁抱之後，依依不捨地轉身離開。我走在路上，感受到內心有一種前所未有的深深的平安。我一邊走，一邊心裡浮現出拉蒂卡的那句話：「那股力量與你同在。」

那股力量與你同在。**你生命中面臨的所有挑戰和成就都是為了讓你認識自己，它們引領你實現自己的人生使命，活出心中真正想過的圓滿人生**。

在此後的兩年裡，露絲的女兒持續領導著「珍妮媽媽俱樂部」，為這些女孩提供支持與幫助，讓她們能夠繼續製作首飾，並把這些首飾賣到美國賺錢。

我們的最後一位採訪嘉賓是當今世界首屈一指的量子物理學家。物理學研究向我們證實了我們的核心本質是一致的，今天量子物理學已經證實了人類物質世界所呈現出的多樣性與表面的堅固性只是一種幻覺，在根本的層次上，在超越物理分子與原子的結構之外，能量與物質是一體的。

理解了這一點，我們就越發明白，為何當我們發現了什麼能使我們感受到連結的時候，我們會體驗到更大的喜悅，因為我們正在揭開生命更深層的真相。

觸碰生命的核心，不斷進步成長

約翰・海格林博士（Dr. John Hagelin）是統一量子場理論領域的世界權威。他在粒子物理學與宇宙學做出了眾多研究貢獻，其部分著作和論文也成了物理學界被引用得最多的參考文獻。他被視作大統一場論的主要貢獻者和提出者，該理論又被稱為超對稱翻轉理論。

海格林博士在粒子理論家中獨樹一幟，因為他致力於將學術界對自然規律的最新科學研究運用於為個人和社會謀福祉上。他是科學技術與公共政策研究院院長，該研究院是一個開明的政策智庫。他成功引領了一項全國性改革，探索發現、科學驗證並推動實施了具有合理成本效應的解決方案，以此來解決犯罪、衛生保健、教育、經濟、能源、環境等諸多領域的關鍵性社會問題。

為了表彰海格林博士的傑出成就，他被授予了業界最權威的獎項之一——克爾比獎，該獎項主要表彰那些透過科學與技術領域的應用研究，對社會做出重大貢獻的科學家。人們將海格林博士譽為繼承了愛因斯坦、金斯、波耳、愛丁頓等偉大科學家優良傳統的傑出科學貢獻者。

我們邀請到了海格林博士分享他自己的生命熱情，同時談談熱情、意識與構成人類宇宙基礎的統一場之間的關係：

在我的人生中，獲得成功與幸福的最大關鍵便是體驗無限意識、體驗內在純粹的精神場域，以及讓自己的意識與統一場產生共鳴。那個統一場是一種宇宙智性，它管理著我們的整個宇宙。這麼做能夠很快給人帶來擴展、快樂與純粹的創造力，也能運用大自然的支持力量來增進人的健康、成功與福祉。

我十分有幸在自己的人生中學到了一種有效的方法，讓我能夠即刻感受到舒展、平靜、喜悅，以及觸碰無限意識。我很幸運能成為瑜伽行者瑪哈禮希・瑪赫西所教授的超覺靜坐課程的老師，超覺靜坐是當前全球最被廣泛應用、研究和推薦的技術之一，旨在充分開發人類潛能。

此外，我需要從事富有意義的、能夠促進人類進化、減緩全球問題、促進世界和平的活動。我需要看到切實的效果，也需要在這個課程及我所有的項目中取得切實的成功。

我的生命熱情在於促進世界和平，終結人類的殘酷與戰爭所帶來的可怕後遺症，終結人類的無知無明，因為正是這種無知縱容了此類踐踏生命的行徑。我也熱衷於推動教育事業，尤其是啟迪人們走向開悟的教育，這是一種全新的教育模式，涉及充分開發人類潛能，開發全腦智慧。

現代教育存在著很大的弊端，因為它僅開發了人類大腦的一小部分潛能，這會剝奪一個人原本具備的活出開悟人生的能力。

我天生就喜歡當老師，也需要教書育人，因為老師所獲得的永遠比他給出的要多。深刻理解一件事物的最佳方式便是將其解釋給其他人聽，這也是每位教師的經驗之談。我教授研究生們統一量子場論，要想真正掌握這門學科知識，最好的辦法就是把對知識的理解傳授給別人。這個領域的知識幾乎會以一種神奇的方式，以更清楚深刻的思路在教師的腦海中組織起來。

我非常喜歡和那些不斷成長的人相處，喜歡和那些散發出一種天然喜悅感的人相處，尤其喜歡和開悟者相處，因為他們安住於一種非常高的意識狀態中。這些人所從事的活動自然而然就具備推動人類進化、賦予生命力、給人帶來幸福的作用。

我熱愛在大型場合和電視媒體上發表演講，可能因為這能啟動一個人的影響力，接觸更廣大的人群，給世界帶來不同。我熱愛藝術和音樂，喜歡沉浸於靈感與美好的事物當中。

我喜歡住在依循自然之道而設計、能夠最大限度地支持和滋養生命的建築環境中。瑪赫西所宣導的薩帕提亞吠陀建築（Sthapatya Vedic）就是這方面的典範，它給人的生活帶來了巨大的幸福感，它甚至比風水學更為古老，是一個具有悠久歷史的完整系統。

一個人去理解自身的熱愛所在就是去觸碰其生命的核心本質，觸碰生命的意義，那就是不斷進步、進化與成長，逐漸圓滿。當我們在進步與成長時，我們就會體驗到喜悅、能量、活力與健康。

那些能夠促使我們成長的活動，使我們得以拓展知識、增進力量、提升滿足感的活動，便是能給我們帶來喜悅的活動。如果我熱愛做某些事或者你熱愛做某些事，那是因為那些事情能給我們帶來喜悅與滋養，能夠讓我們進化與拓展，增進我們的智慧與影響力，提升我們的力量與幸福。

如果你對某項活動絲毫沒有熱情，那就意味著它不能給你帶來成長、滿足、快樂與提升。對我來說，熱情與成功密不可分。熱情與成功攜手而來，相輔相成。

人們之所以會對一項活動有所嚮往，是因為大家在體驗了該活動後，會即刻感受到自己朝著那個方向有所進步與成長。通常而言，那也是他們的天賦才能所在，是他們發揮創造力的天然管道。

追求熱情是生命之基，與之密不可分。如果你無法做自己熱愛的事，便無法長久的快樂，也無法堅持在這條道路上走下去。不過在某種程度上，一個人對做什麼事可以延續自己的熱情是有掌控權的。

你所關注之處，在你的生命中必將變強。你可以培養對某些事物的興趣，在某一領域的才能，這會有助於你在那個領域獲得成功，隨之而來的便是你將在這個領域也能享受取得進步、成功與提升的喜悅。而當你在某個領域中投入的努力使你獲得了喜悅、成長、拓展和進步時，這個領域也會越來越趨向於變成你的熱情所在。

我們完全擁有決定將注意力放在何處的自主權，這或許是人類所擁有的最大自由，人們所專注的領域會在他們的生活中變得越來越重要。我十分推薦每個人都去行使這份自由，去將自己的注意力放在真正值得做的計畫上，也就是那些既能給個人也能給社會帶來最大幸福的計畫。

這樣的計畫越是惠及全球，越是影響深遠，就越能給人帶來進步與幸福。在某種程度上，我們對於什麼可以變成我們的熱情擁有一定的主控權，這是一種很重要的自由，我們可以不斷去練習行使這份自由。不過也不是所有的事物都能開發成自己的熱情，熱情需要基於我們的核心素質與基因構成來培養。

雖然我鍾愛藝術，但繪畫這件事很有可能一輩子也不會成為我熱愛的事，因為我實在缺乏在這個領域的天賦。假使我付出很多努力往這個方面發展，我幾乎可以肯定，我體會到的懊惱一定比喜悅要多。倘若我在某方面擁有一定天賦，哪怕只是中等才華，我都願意培養它，去享受進步帶來的喜悅，很可能最終這件事情會變成我的熱情所在。

所以我們享有一定的主控權，但是由於每個人的天性不同，這種控制權也會在範圍上有所受限。並不是每個人都能成為好老師，也不是每個人都能成為卓越的政治家。在我的人生當中，我也會選擇去開闢一些新領域、新熱情。坦白說，有的並非我天生就熱愛的領域，我並不具備量子物理學領域的天分，但是我有當工程師的天分。

涉及到經典物理學、力學定律的時候，我發現自己並不需要費力去學，那些知識就好像在我的骨子裡，是我基因構成的一部分，我很容易就弄懂。但是涉及量子物理學，我彷彿踏入了一個無比新奇的領域，完全沒有這方面的直覺。

公平起見，我應當說，量子力學對大多數人來說都是反直覺的。你只能依靠你的數學能力去鑽研這些抽象的領域，無法依靠直覺的指引。我在數學方面也不那麼有天分，所以我不得不花費數年培養能力，才終於對量子世界有了一定的熟悉度，能夠越來越輕鬆地解決那個領域的問題，最終取得了一點點成就。

去開發那條全新的創造力與智慧通道需要花時間，在新的領域取得進步、獲得滿足，構建全新的熱情也需要花時間。

另一個有關我開發新熱情的例子是我步入了社會政治領域。我又一次在我沒有天賦的全新領域培養自己，因為我感受到了內心更大的召喚，我想要為人類做出更大的貢獻。在那之前，公共政治無法點燃我的熱情，但是我響應了內心的召喚，決定去探索能夠更好地管理我們的國家，乃至整個世界的政策與法則。

我潛心鑽研公共政治、醫療改革等領域，發現相較於量子物理學而言，這一次我相對能更快地為那些領域做出新穎而重要的貢獻。你可以說，這畢竟不是研究火箭那種尖端科技，這畢竟不是量子物理學。

揭開當前政策在某些領域的謬見並不需要花費那麼長的時間，比如我們的國防政策是基於進攻而制定的；我們的健康政策是基於疾病管控而制定的。我們有能力去構建真正支持生命發展、與自然法則和諧一致的政策，帶著更大的同理心、更有效地運用寶貴的資源。

所以，這是另一個例子，關於我內心最深切的責任感，是如何推動我培養和構建起了一種全新的熱情。這種熱情後來成為了驅動我生命的力量，並且持續了好多年。

經過十五年的高等教育後，我了解到物質宇宙是基於一個非物質量子力學世界而構建的，該非物質量子世界的根基是一種抽象智慧。人類對原子、核子與亞核子層次自然法則的深入探索，讓我們得以窺見自然界更深層的智慧，它遠遠超越了物質存在的範疇。

歸根到底，發現統一場或異質超弦即是發現了一個純粹智慧場，這個純粹智慧場的本質是非物質的、純粹的自我交互意識，因此，物理學實際上發現了意識是物質存在的根基。

我想要了解構成物質世界基礎的意識的本質，而透過瑪赫西的課程、透過學習他所教導的開發人類意識的技術，我親身體驗到了意識場的真實存在，我發現了人類智慧的核心基礎是宇宙智慧。在那個層次上，我、你和宇宙中的萬事萬物都是一體的。

我們的核心相連，這個真理、這個生命統一體的終極真理是當今科學時代最為珍貴和重要的理解。自古以來，世上所有偉大的精神傳統都在頌揚著同一個真理，但是現在，這同一個真理可以透過現代物理學的實證研究法予以客觀驗證，也可以透過意識體驗法來進行個人驗證。於我而言，透過學習瑪赫西吠陀科學中普遍且強而有力的技術，其中包括超覺靜坐，我開始對這一真理有了親身體驗。

如今，我最熱切的盼望是結束人類世世代代所遭遇的無意義暴力，和持續不斷的戰爭遺留問題；透過全球越來越多人開始理解生命本質合一，給世界帶來持久的和平。

當我們都能擁有這樣的願景，當本書的讀者都能深刻理解並體驗到生命合一時，這種合一便能更容易被全球大家庭中數十億公民所理解和接受。我們正處在一個特殊的時期，越來越多的人會開始與這些話語、與生命合一的終極真理產生共鳴，這個真理即將對越來越多的人產生意義。

儘管人類尚未徹底開悟，但我們可以把這份重要理解與經驗盡可能帶給更多人，以此來促成人類意識的轉化。有了對合一的理解與體驗，世界將會迎來持久和平的曙光。

人類的潛能無限，我們能夠自然而然、毫不費力創造的成就無限，其中的奧祕就是要將人類的智慧與大自然廣闊而有組織性的智慧相校準。大自然的智慧統治著宇宙，維護著地球上數以百萬計的物種以及整個宇宙中數以萬億計的物種。

透過將我們的渴望與宇宙智慧的自然進化之流校準一致，幾乎任何一個靈感都能帶領我們取得成功。讓個體的智慧與大自然的智慧完全融合，就是開悟。

開發全腦智慧和揚升到更高維度的意識狀態，絕對是獲得個人成就的關鍵，也是最大限度地促進人類社會向開悟社會演進的關鍵——那將是一個基於統一場的文明，一個和平、繁榮與和諧的國際大家庭。

你從這次採訪中學到了哪些有關活出生命熱情的重要經驗？

1. 生命的核心本質是朝著圓滿的方向進化與發展。
2. 當我們在進步與成長時，我們就會體驗到喜悅、能量、活力與健康。
3. 那些能夠促使我們成長的活動，使我們得以拓展知識、增進力量、提升滿足感，便是能給我們帶來喜悅的活動。
4. 我們之所以熱愛某件事是因為它能給我們帶來喜悅，對我們來說它是通往進化與擴展的途徑。
5. 如果你對某項活動毫無熱情，它就不能帶給你成長與擴展。
6. 熱情與成功攜手而來，相輔相成。
7. 追求熱情是生命之基，與之密不可分。如果你無法做自己熱愛的事，便無法長久的快樂，也無法堅持在這條道路上走下去。
8. 你對什麼可以成為你的熱情擁有一定的主控權，這個主控範圍也會因核心素質與基因構成而有所受限。你可以培養對某件事物的興趣、某領域的才能，這會使你在這個領域獲得成功，此領域也變成你的熱情所在。

9. 人類最大的自由就是可以選擇將注意力放在何處的自由，你所專注的領域會在你的生活中變得更為關鍵、更為重要。
10. 你最深切的責任感能推動你培養和建立起全新的生命熱情。
11. 物質宇宙是基於一個非物質的量子力學世界而構建的，該非物質的量子世界根基是一種抽象智慧。
12. 人類的潛能無限，我們能夠自然而然、毫不費力創造的成就無限。其中的奧祕就是要將人類的智慧與大自然廣闊而有組織性的智慧相校準。
13. 透過將我們的渴望與宇宙智慧的自然進化之流校準一致，幾乎任何一個靈感都能帶領我們取得成功。讓個體的智慧與大自然的智慧完全融合，就是開悟。

尾聲

熱情由愛而生，透過愛來實現

誠如我們在開篇所講的那樣，我們花了超過三十年才真正與自己的生命熱情保持校準，對我們來說活出生命熱情是一趟旅途，相信對你來說也是如此。

有時候我們精準無誤地走在熱情的大道上，有時候我們又偏離了軌道。我們逐漸明白了，走上與熱情相符的道路能夠讓我們通往喜悅、充實與幸福。而當我們偏離軌跡的時候，生活就會變得艱難和痛苦。

在這一路上，我們也發現來自他人的支持至關重要。無論我們多麼想選擇自己的熱愛所在，有時那些陳舊的信念和固有思維就是會冷不防地探出它們醜陋的腦袋。如果沒有導師和老師的指引，我們不會過上如今天這般神奇美好的生活。

所以，我們也鼓勵你去尋求支持與幫助，成功不能只靠單槍匹馬，試著去找尋資源，去找到那些能夠幫助你活出美好人生的導師和老師，你值得過上這樣的生活。我們在書末的附錄中羅列了一些我們了解的資源與老師們的聯繫方式，你可以自行選擇，敞開心扉去學習和接受幫助，或許這會讓你的人生變得大為不同。

最重要的是，記得定期做一下生命熱情測試，享受這趟宇宙高速公路旅行吧！當你在旅途中需要快速參考自己的駕駛手冊時，請回到此頁：

- **發現禮物**——將注意力放在生命中美好的事物上，你就會創造出更多的美好。如果你在生命的每一刻、每一處、於每一個你所遇見的人身上找到禮物，你的人生就會充滿最美好的祝福。
- **給出你想要得到的**——獲得幸福的方法就是把你想要的東西給出去。我們的人生就像一面鏡子，你給出去什麼，就會接收到什麼。
- **行動使人專注**——並非行動造就結果，事物進展的方式往往與你所計畫的大相逕庭，但是邁出行動可以使人保持專注，集中精力去實現意圖。最終，是你的專注創造了你想要的結果。
- **大自然導航系統**——大自然在你所走的每一步中都會給予你指引，只要你學會聆聽它的訊息。當你感到舒展的時候，請向前邁進，採取行動，享受這個創造成就的過程；

而當你感到收縮的時候，請暫停片刻，休息一下，放鬆身心，反觀靜思，享受這個回歸內心的旅途。

- **臣服**——為了能夠辭去宇宙大管家的職務，去做我真正該做的事，今天我可以做些什麼？當你臣服的時候，不可思議的事就會發生。
- **趁著風和日麗時，揚帆起航**——時機決定一切，在你開啟一趟旅途前，最好先查看一下天氣預報。在你準備踏上人生的新階段時，可以找一位有能力的吠陀占星師幫你查看一下何時是開啟的良機。
- **失敗不是我的選項**——當你真的與自己所熱愛的事協調一致的時候，任何事物也無法阻擋你。
- **途中的三個阻礙**——阻擋我們活出自己熱愛人生的東西只有三樣：不真實的信念、不真實的概念和不真實的想法。當你與現實爭辯時，你只會輸，而且每一次都必定如此。如果你發現自己優先選擇去做的並不是對自己而言最重要的事，請檢視一下腦海中的想法。拜倫．凱蒂的「功課」是我們迄今發現的解除限制性信念方面最強大的工具之一。
- **放鬆**——想要讓行動產生強而有力的結果，放鬆的狀態甚為關鍵。這種鬆弛感是一種內在完整、平和穩定的感覺。當心安住之時，靈感才會悄然而至。

- **助人即助己**——在你的人生中，要想擁有自己真心渴望的東西，必先幫助他人獲得他們真心渴望的東西。
- **信任之速**——信任對於活出充滿熱情的人生尤為關鍵，去信任你身處的宇宙是仁慈的，並在你與他人的關係中構建起信任的橋梁。在人際關係裡，高信任度能夠使事情極快達成，也能極大地降低成本。
- **幸福始終在那裡**——在你的源頭深處，你已然圓滿。執著於不真實的信念或想法會阻礙你體驗到原本就一直在那裡的祝福。深入你的痛苦，全然感受它，你就會重新發現幸福。
- **生命熱情是指引你回歸真我的線索**——你的生命熱情指引著你發現自己的真實本質。你可以時不時重新做一次熱情測試，至少每半年重做一次，每一次它都會讓你更深入地認識你自己。
- **持久的成功**——隨著你越來越清楚什麼於你的生命而言最為重要，你的熱情也會越來越少發生改變。你可以透過許多不同的管道去充分表達自己的核心熱情。定期做熱情測試，持續去選擇你的熱愛所在，你的核心熱情就會自然而然地綻放。

- **萬物的本質是一體的**——在最深的層次上，我們都是彼此相連的。你越能充分地與自己的生命熱情相連結，就能越深入地與他人相連結。

無論你選擇去做什麼，請始終記得愛具有偉大的力量。你最深切愛著的事，我們稱之為你的生命熱愛或生命熱情，它會引領你圓滿實現自己的天命，這股力量勢不可擋。

最後，我們想為你送上我們的臨別贈言：

“

熱情由愛而生。愛是我們內在神性的完美體現。
愛是生命、是呼吸，透過我們得以表達，為我們注入熱情之火。
圓滿從愛中發生，也經由愛來實現。
讓我們為了愛而活出愛。
讓我們彼此相愛，為了我們共同的命運而分享我們的愛。
讓熱情以愛的形式從我們身上湧現，為全人類服務。

”

謝詞

如同每一本書一樣，這本書因為有了許多人的幫助才成為了可能。

邦妮．索洛（Bonnie Solow），對我們來說你是世界上最棒的經紀人，你是我們真正的好朋友，謝謝你敦促我們成為最好的自己，也謝謝你正直如一地代表我們的利益，我們十分珍視我們的感情。

衷心感謝哈德遜街出版社和羽毛出版社的所有天使，是你們把這本書帶向了世界。感謝我們的編輯雪妮絲．費雪（Cherise Fisher），你有著一顆慷慨有愛的心，總是給予我們務實有效的指引；感謝我們卓越的出版人克雷爾．費列羅（Clare Ferraro），感恩你對這本書充滿了信心，相信它能夠啟迪人們生命的蛻變；盧克．鄧普賽（Luke Dempsey），你的歌唱如天籟之音，不過更重要的是你有一雙慧眼，能夠看到事物的可能性，讓熱情之火得以熊熊燃燒；還有我們出版社的所有其他夥伴：瑪麗．庫爾曼（Marie Coolman）、麗茲．吉南（Liz Keenan）、珍妮佛．莉瑟（Jennifer Risser）、愛琳．阿吉麗絲（Aline Akelis），感恩你們如此辛勞的付出。還有那些我們未曾謀面的朋友們，請接受我們誠摯的謝意！

我們在《健康、財富與智慧》雜誌社的合作夥伴里克和里茲，他們真的很了不起！無論我們有多麼瘋狂的想法，哪怕只要有一絲意義，他們都會鼎力支持。他們慷慨地與我們分享自己創刊的雜誌，我們從此並肩作戰，創造出別具一格的線上雜誌，人們因此能夠在日常生活中隨時向當今世界最傑出的人士學習。里克和里茲，首先我們衷心地感謝你們給予我們的友誼！其次深深地感謝你們創造了如此優質的線上系統，讓許多人可以從中獲得活出天命所需要的知識。

馬克．維克多．漢森和羅伯特．艾倫，謝謝你們的率真與正直。是你們讓我們看到名為「安全」之門其實並不安全，而名為「自由」之門雖然偶爾讓人嚇得汗毛直豎，卻遠比安全之門要有趣得多！感謝你們以開放的心態接受我們把「覺醒」和「百萬富翁」這兩個詞並用，與我們共同創造了「覺醒的百萬富翁」項目，讓我們意識到精神追求和豐厚的物質財富並不衝突，而是一種相互相容的生活方式。

哈福．艾克、傑克．坎菲爾、保羅．席列、皮特．比索內（Pete Bisonnette）、比爾．哈里斯、邁克爾．貝克維斯（Michael Beckwith）、拜倫．凱蒂、傑．亞伯拉罕、潘卡和斯米達．納拉姆、比爾．鮑曼（Bill Bauman）及湯姆．佩恩特（Tom Painter），我們如此感恩你們給予我們的友誼，感恩你們慷慨地與我們分享知識、經驗與智慧。

瑪茜．西莫芙，你是一位了不起的朋友和顧問，你的愛、智慧與務實的建議對我們來說非常重要，謝謝你不斷提醒我們堅守本心。

比爾．萊瓦希，謝謝你給予我們深刻的吠陀占星學指引，你精闢地總結出了「設定意圖、保持專注、放鬆臣服」這個公式，並且無比清晰地闡述了它的含義，讓我們的生活及我們讀者的生活從此蛻變。

席爾瓦．德沃拉克（Sylva Dvorak）、派特．伯恩斯（Pat Burns）和梅洛妮．瑪洛芙（Melony Malouf），謝謝你們始終是我們那麼好的朋友，每當我們需要幫助的時候，你們永遠在那裡，隨時準備好伸出援手，給予我們最棒的支持，對我們來說你們是特別的。

克莉絲蒂娜．柯林斯．希爾（Christina Collins Hill），你的吠陀占星技巧曾多次幫助我們「防患於未然」，對我們來說至關重要。謝謝你給予我們源源不斷的愛，以及始終支持我們去做自己想做的事。

克里斯．斯特羅德（Chris Strodder），謝謝你不厭其煩地一次又一次閱讀本書的初稿，你給出的寶貴建議、提問和評論使這本書的終稿豐富了太多。

麗茲．霍華德（Liz Howard），你是一位令人驚奇的工作者，謝謝你以創紀錄的速度為本書的初版設計出了美麗的封面。喬治・福斯特（George Foster），能和你一起工作、玩耍、哈哈大笑是多麼美妙的體驗啊！你富有幽默感，有著不可思議的設計才華，你是我們不可多得的理想夥伴。我們真想告訴全世界，如果有誰想要一幅精彩美麗的書籍封面圖，你一定是不二人選！

珍妮特的致謝

我非常感恩生命中遇到這麼多偉大的導師，他們毫無保留地敞開自己的心與智慧，甚至敞開他們的家門！是他們讓我的生命熱情得以實現，讓我能夠將他們的智慧分享給世界！

致我的天使小組夥伴們：莫（Mo）、蘇（Sue）、蘇珊娜（Suzanne）、辛蒂（Cindy）、東尼（Tony）、傑瑞（Jerrie）、德波拉，還有桑迪（Sandy），謝謝你們一直為我加油，做我生命的啦啦隊！雖然有時你們並不認同我的做法，你們的心卻始終慷慨地接納我的一切。

致我的哥哥強尼（Johnny）和姐姐米琪（Mickey），有你們在，真的是我生命的賜福！我如此幸運，因為我知道無論發生什麼，你們始終都會是我堅強的後盾，謝謝你們鼓勵我、愛我，在我人生最艱難的路段毫不猶豫地載我前行。

克利斯蒂安．西頓（Christian Seaton）和桑迪．瑪格拉姆（Sandy Magram），謝謝你們這麼多年來一直做我的摯友，你們是所有女孩都夢寐以求的那種最佳好友！拉蒂卡．施瓦茨（Radhika Schwartz）、馬丁．格魯克曼（Martin Gluckman）、克里希納（Krishna），謝謝你們指引我遇見這個世界上最偉大的部分智者。

馬丁（Martin），我非常感謝旅途中你能夠陪伴我一段路。朱莉安．珍妮斯（Juliann Jannus），謝謝你願意靈活應變，辭掉工作陪我飛越大半個地球，開啟我們的冒險之旅，也謝謝你幫助我開啟了我的攝影生涯。

德波拉．蘇．伯娜曼，三十年前，是你幫助我踏上了生命熱情之路。謝謝你帶給我的啟迪與智慧，謝謝你讓心靈蛻變的世界看起來那麼富有樂趣！

致阿肖克拉爾（Ashoklal）、賓杜（Bindu）、克里希納、德烏（Devu）、喀南（Kannan）、阿米塔（Amita）及我的印度家人們，謝謝你們悉心照顧我，讓我遠在他鄉也能感受到家的溫暖。

榮耀歸於克里斯，我們還有什麼是沒有一同經歷的呢？謝謝你教我「如果一件事情不好玩，那就不要去玩了」。也謝謝你總是能幫助身邊的人帶出他們最好的潛能，在這方面你具有不可思議的能力。能成為你最好的朋友和事業夥伴，我深感榮幸！

致我敬愛的父母和親愛的瑪姬（Margie），因為你們，我才能成為今天的我。謝謝你們幫助我成為最好的自己！

克里斯的致謝

我心愛的妻子朵兒（Doe），你是我生命的賜福！感謝你在許多個深夜、清晨和週末的耐心陪伴，讓我能夠安心完成這本書，你源源不斷的愛與支持對我來說代表一切。

媽媽和艾瑞克（Erich），謝謝你們對我傾注的愛。媽媽，謝謝您總是鼓勵我走自己的路，即便有時我的選擇在您看來簡直是瘋狂之舉，您也依然默默關注。

親愛的爸爸，我很懷念我們在一起的日子，我們一起經歷了多棒的人生啊！感謝您讓我感受到您深沉的愛，這本書既是我的，也是您的。感謝您讓我知道什麼是真正的勇氣。

羅夫和蕾妮・艾瑞克森（Rolf and Renee Erickson），你們真是了不起的朋友！謝謝你們給出的中肯建議和回饋。鮑伯和派翠西亞・奧茲（Bob and Patricia Oates），對你們我也始終充滿了感激。鮑伯和羅夫，謝謝你們與我分享那麼多精彩非凡、富有激情的冒險經歷，我也因此明白了充滿熱情的生活意味著什麼。

馬克・舍費爾德（Mark Schoenfeld），謝謝你的友情，謝謝你提醒我什麼是真實。我還想對身在美國、歐洲、喜馬拉雅山脈之巔的「真實自我」組的所有夥伴說，感謝你們默默的奉獻，感謝你們為世界帶來了巨大而深刻的影響！

還有珍妮特，你真的是我的好老師！你幫助我的人生得以蛻變，讓我過上了連做夢都沒想過的幸福生活。你讓我知道，在這個世上有人永遠也不會放棄我，永遠值得我信賴，永遠願意付出一切來幫我，這對我來說如此珍貴！你是我的靈感源泉、我的最佳摯友、我的完美事業夥伴。

最後，我謹代表我們二人，對神聖的瑪哈禮希・瑪赫西上師致以深深的敬意。對您的感激早已超越了言語，感謝您讓我們能夠直接經驗和深入理解真實世界最深處的本質，我們對此深感幸運！

附錄

正如我們在尾聲中所談到的，若要提升將生活與熱愛相校準的能力，我們需要獲得來自他人的支持。在附錄，你將找到我們所認識並信任的一些人力和課程資源，他們能夠為你提供活出熱愛的人生所需的支持。

與本書相關的資源

1. **《健康、財富與智慧》**：這部線上雜誌每月都會發表實用有益的文章，還可以從中收聽對當今世界最成功的部分人士的訪談，了解他們是如何發現並實現自己的熱愛。訪談嘉賓包括史蒂芬．柯維、威利．納爾遜（Willie Nelson）、大衛．林區、韋恩．戴爾（Wayne Dyer）、羅伯特．清崎（Robert Kiyosaki）、拜倫．凱蒂、芭芭拉．德．安吉利斯（Barbara DeAngelis）、斯特曼．格雷漢姆（Stedman Graham）、約翰．格雷

（John Gray）、朗達・拜恩、哈福・艾克、尼爾・唐納・沃許等人。想訂閱《健康、財富與智慧》，請至 www.healthywealthynwise.com/interview

2. **克里斯和珍妮特的網站**：想了解更多我們的資訊，並體驗我們為讀者提供的活出生命熱情相關工具，可參考 www.thepassiontest.com
3. **線上生命熱情測試**：www.passiontestonline.com
4. **索取電子書《從悲傷到喜悅》**：www.thepassiontest.com/fromsadtoglad
5. **生命熱情測試認證導師相關資訊**：www.thepassiontest.com/cert
6. 如果你對作者的其他工作感興趣，可參考 www.janetattwood.com、www.stayinginlove.com、www.enlightenedalliances.com

大家已經閱讀了我們對黛比・福特、理查・保羅・埃文斯、小史蒂芬・柯維、傑・亞伯拉罕、瑪西・西莫芙和約翰・海格林博士等人的特別訪談。若想了解更多有關他們的資訊，可參考以下資源。

7. **黛比・福特**：www.debbieford.com

8. **理查・保羅・埃文斯**：www.richardpaulevans.com、www.thechristmasboxhouse.org
9. **小史蒂芬・柯維**：www.speedoftrust.com
10. **傑・亞伯拉罕**：www.abraham.com
11. **瑪茜・西莫芙**：www.marcishimoff.com
12. **約翰・海格林博士**：www.istpp.org、www.tm.org、www.permanentpeace.org、www.hagelin.org

其他資源

拓展意識與深化生命體驗

1. **超覺靜坐**：三十多年來，我倆一直在練習這個富有成效的深度靜坐冥想，我們認為這是我們其他一切活動的根基。它很簡單，練習起來十分容易，而且效果顯著，也是其他精神修習很好的補充。已有六百多項科學研究證實了超覺靜坐的益處。請做好心理準備，如果你為這項學習而投資，它會以豐富的方式帶給你數倍的回報！

2. **拜倫・凱蒂的「功課」（The Work of Byron Katie）**：凱蒂是一位傑出女性，她在多年前如夢初醒，開始面對真相。其間她經歷了一個不可思議的簡單而強大的自我質詢流程，如今她在世界各地把這一流程傳授給更多人。「功課」能讓你有系統地、毫不費力地解除阻礙你活出自身偉大的限制性信念。學習「功課」對我們來說也是我們生命的轉捩點，讓我們能夠更好地面對挑戰。https://thework.com/

3. **瑟多納釋放法（The Sedona method）**：我們都聽說過「放手」是多麼的有價值，瑟多納釋放法就是一個非常簡單而深刻的練習，能夠幫助我們實際做到這一點。如果你能真正釋放那些阻礙你的情緒和信念，你在生命中能夠達成或創造的成就必將無限。www.sedona.com

4. **中心點研究院（Centerpointe Research Institute）**：一九七〇年代，有研究發現各種形式的正弦波可以在腦電波模式中產生可預測的變化。中心點研究院的比爾・哈里斯運用這個知識，創造出了一套獨特的全息同步音訊技術，可以產生與深度冥想相關聯的腦電波模式，此項技術能對生活各方面產生廣泛的益處。如果傳統冥想練習對你來說有點困難，那麼這項技術很可能會對你有所幫助。www.centerpointe.com/

穩固自我認知的地基

1. **傑克·坎菲爾**：傑克·坎菲爾是《心靈雞湯》叢書的合著者，也是當今世界上最卓越的教練之一，他會帶領你發現全新的自己，看到自己的偉大之處。如果你無法參加他的培訓課程，可以閱讀他的著作，如《成功準則》（*The Success Principles*）。
2. **羅伯特·薛弗德（Robert Scheinfeld）**：如果你志在超越財富創造本身，徹底擺脫金錢遊戲，那麼一定要讀讀《你值得過更好的生活》（*Busting Loose from the Money Game*）。雖然現在「祕密」這個詞在市面上已經有點被濫用了，但我認為作者確實揭示了有關真實本質的一些核心祕密。
3. **卡巴拉中心（The Kabbalah Centre）**：你可能從新聞報導裡聽過一些從卡巴拉中心出來的著名學生之相關事蹟，但你或許不知道卡巴拉的古老教義，對今天的我們創造夢想人生也能起到非常實際的效用。
4. **比爾·鮑曼**：我們有時稱他為「開悟的羅傑斯先生」，風趣、敏銳、激勵人心、發人深省都是可以用來形容他的詞彙。如果你需要有人鼓勵你充分展現真實的自己，那麼他的課程、靜修營和社群裡的朋友都會是一份有力的支持。https://billbauman.net/

5. **辛西婭·凱西**（**Cynthia Kersey**）：她寫了一本叫做《勢不可擋》（*Unstoppable*）的書，激勵著這個世界上勢不可擋的女性朋友，並以身作則詮釋了勢不可擋的真正含義。

6. **突破體驗**（**Breakthrough Experience**）：哪怕只是為了享受與約翰·德·馬蒂尼博士（Dr. John DeMartini）這位智者坐在一起的快樂，他的培訓課程都十分值得參加。從量子物理學到創造自身真實的機制，他都能夠侃侃而談，讓你聽得如痴如醉。在他的課堂上，也要準備好認真地去做一些內在功課，當你走出他的教室，會發現自己已然蛻變。https://drdemartini.com/breakthrough-experience/

7. 「**金錢與你**」**商業精典學院**（**Money & You®: Excellerated Business Schools**）：馬歇爾·瑟伯（Marshall Thurber）在三十多年前創設了「金錢與你」課程，如今依然是市面上最強大有力的課程之一。儘管課程主題涉及金錢，內容卻是一系列體驗遊戲，能幫助你了解真實的自己。東尼·羅賓斯（Tony Robbins）、羅伯特·清崎、哈福·艾克、傑克·坎菲爾、馬克·維克多·漢森等人在成功之前，均參加過這門課程。**https://**www.moneyandyou.com/

8. 《**吸引完美客戶**》（*Attracting Perfect Customers*）：簡·斯特林格（Jan Stringer）與艾倫·西克曼（Alan Hickman）會教大家一套系統，讓你吸引任何你想要的人來到你的生命中，無論是吸引你的完美顧客、人生伴侶，抑或是完美員工和事業夥伴，我們在採取每項重要行動時都會使用他們這套流程。

9. **使命訓練系統**（**Destiny Training Systems**）：你知道自己身處一個豐盛的宇宙當中，卻不知如何獲取其中豐富的資源嗎？斯科特・德・穆蘭（Scott deMoulin）的使命訓練系統會教你具體的方法。斯科特教導獲得真正的內在與外在財富的實用策略，並因此擁有大批粉絲。https://www.destinytraining.com/

10. **詹姆斯・雷**（**James Ray International**）：「平衡是一個假象！和諧才能帶來幸福和真正的財富。」大師級培訓專家詹姆斯・雷如是說。他的「力量旅途」課程借鑑了他在傳統商業和在秘魯、埃及、亞馬遜雨林古老文化方面的經驗。根據我們的體驗，我們認為他是一個會挑戰你的認知、讓你開懷大笑、有時也會讓你大吃一驚的培訓師，他會用各種方法來喚醒你內心的力量。www.inc.com/profile/james-ray-international

11. **快樂、健康、富足遊戲**（**Happy Healthy Wealthy Game**）、**終極人生遊戲**（**Ultimate Game of Life**）：吉姆・邦奇（Jim Bunch）在早期職業生涯中曾擔任東尼・羅賓斯團隊的領導成員，幫助東尼・羅賓斯招募學員。隨後，他成為了班布網（Bamboo.com）的創始人之一，在該公司上市後退休了一段時間。現在，他設計了廣受好評的

「快樂、健康、富足遊戲」和「終極人生遊戲」，這兩門培訓課程都有徹底改變人生體驗的神奇魔力。www.happyhealthywealthy.com

12. **《創造力量》**（*Creating Power*）：在過去的二十年裡，卡里姆・哈吉（Karim Hajee）一直在教授令人驚嘆的「創造力量系統」課程，讓成千上萬人以超乎想像的方式改變人生。他在東非肯亞度過了青少年時光，從母親那裡學會了如何開發潛意識，此後研發出「創造力量系統」課程，他的母親則受教於卡里姆的外婆。「創造力量系統」是一套卓有成效的方法，可以幫助你創造自己想要的生活。

創造財富

1. **哈福・艾克的「百萬富翁思維集訓」（Millionaire Mind Intensive）**：哈福撰寫了一本關於如何擁有百萬富翁思維的書《有錢人想的和你不一樣》，他也是我們見過最傑出的培訓師之一。他的課程富有趣味性與挑戰性，能帶給人不可思議的收穫。如果你全心參與其中，你會變成一個富有力量、勇敢無畏的人。我們推薦你購買一本哈福的好書，如果你剛好準備在自己的財富之路上起步，這本書將是你入門的好選擇。

2. **亞歷克斯・曼德希安（Alex Mandossian）**：亞歷克斯曾放棄六位數美元的高薪行銷主管工作，去追尋自己所熱愛的事。如今，他居家辦公的收入已經遠遠超過了他曾在企業獲得的收入。他是我們所認識最厲害的教練之一，如果你致力於透過做自己熱愛的事情來獲取財富，可以找亞歷克斯諮詢。https://www.alexmandossian.com/

3. **羅伯特・艾倫**：我們對這位曾經的合作夥伴給予再高評價也不為過。他的「覺醒財富研究所」（Enlightened Wealth Institute）提供財富入門類課程，切實有效，手把手教你透過房地產、股票、網路行銷和創業等管道來創造財富的諸多細節。

4. **雷蒙德・艾倫（Raymond Aaron）**：雷蒙德以其財富成就而在加拿大聞名。他是《心靈雞湯・父母系列》和《心靈雞湯・加拿大故事集》的作者。他的《每月導師訪談》（*Monthly Mentor*）節目不容錯過，每個月他都會採訪一些在財富領域的成功人士，如羅伯特・清崎、馬克・維克多・漢森等，讓他們將自己的成功祕訣傾囊相授。

5. **唯一教練（One Coach）**：「唯一教練」的始創者約翰・阿薩拉夫（John Assaraf）和穆雷・史密斯（Murray Smith）在許多行業持續獲得豐厚收入。他們的課程訓練人們克服困難與挑戰，同時幫助人們辨識機遇，我們非常喜歡他們使用全面而綜合性的方法幫助人們成功。https://www.johnassaraf.com/

6. **國際商務網**：二十多年前，伊萬・米斯納博士為了給自己的諮詢工作創造更多業務而創建了國際商務網，如今它已發展到了十萬多名會員和將近五千個分會。國際商務網要求每個分會對每種「類型」的會員各招一名（例如醫生、律師、髮型師、脊椎按摩師等），讓成員們定期聚會，相互引薦。https://bni.com.tw/zh-TW/index

7. **史蒂芬・皮爾斯（Stephen Pierce）**：如果你的金錢之路是透過網路獲取財富，那麼就準備好向這個領域最傑出的人士學習吧！史蒂芬是網路行銷領域的領袖，你可以從他身上學到大量用自己熱愛的事情來賺錢的方法，並把他的方法改編成自己的風格，著有《更多錢，更多生活》（*More Money, More Life*）。

8. **極富女人（Wildly Wealthy Women）**：桑迪・福斯特（Sandy Forster）和迪姆菲娜・博赫特（Dymphna Boholt）共同開創這門課程，適合所有女性，教授資產管理、房地產投資、股票投資策略等實用技能。https://www.wildlywealthy.com/podcast/

健康

1. **瑪赫西阿育吠陀健康中心（Maharishi Ayurveda in Bad Ems, Germany）**：歡迎你來到

這裡，你會明白為什麼克里斯和他的妻子朵麗絲常常願意花上三到六個月時間待在那裡。阿育吠陀健康中心是獲獎無數的歐洲頂級水療中心之一，提供個人護理服務和歷史悠久的四星級飯店住宿，周邊環境令人讚嘆。如果你在春末、夏末或初秋來到這裡，很可能會在蘭河旁的散步小道上偶遇克里斯和朵麗絲，幸運的話，你還有可能遇到剛好來這裡拜訪他們的珍妮特！

2. 《**療癒密碼**》（*The Healing Code*）：亞歷山大．勞埃德醫生（Dr. Alex Loyd）的妻子曾患重度憂鬱症，嘗試了各種方法都無效，於是他只能訴諸祈禱。歷經十二載的禱告後，勞埃德醫生得到了回應，他發現了一套治療系統，如今他稱之為「療癒密碼」。他開始把療癒密碼用於化解客戶的心理和情感問題，並收到眾多客戶回饋，他們從多發性硬化症、白血病、漸凍人症等多種嚴重問題中康復，這讓他本人也為之驚訝。勞埃德醫生是一個偉大且富有愛心的人，如果你正面臨健康問題，療癒密碼或許可以給你的生命帶來奇蹟。

3. **莫特健康系統**（**Morter Health Systems**）：泰德．莫特醫生如今已經成為脊椎指壓治療領域的傳奇人物，他的生物能量同步技術為罹患各類疾病的患者都創造了諸多奇蹟。https://www.morter.com/

4. **阿育沙克蒂（Ayushakti）**：潘卡和斯米達．納拉姆醫生，在本書中你已讀到有關他們的故事。他為四十多萬名患者治療並獲得了顯著成效，在全世界十二個國家設有阿育吠陀診療中心。納拉姆醫生每年訪美兩次，並且定期前往歐洲、澳洲及全球其他地區。https://www.ayushakti.com/

5. **史蒂芬．科大師（Master Stephen Co）和「般尼克療法」（Pranic Healing）**：科大師著有暢銷書《你的雙手可以療癒你》（*Your Hands Can Heal You*）。他的治療具有強大的力量，積極教授人們自我療癒的方法。https://www.masterco.org/

6. **斯里．蘇尼爾．達斯**：在本書Part1，珍妮特描述了自己與斯里．蘇尼爾．達斯的一些非凡經歷。皇室成員、政客、著名音樂家、演員及成千上萬罹患各類疾病的印度人都曾在斯里．蘇尼爾．達斯這裡尋求治療。他謙卑、善良而風趣，始終堅稱自己所有治療成果都是來自「神的旨意」。

7. **林春義（Master Chunyi Lin）**：著有暢銷書《天生醫者》（*Born a Healer*），他認為任何人都可以成為自己的療癒師，他是古老氣功領域的傳承人，其著作有助於人們了解如何自己療癒。

親密關係

1. **約翰・格雷博士**：約翰・格雷著有親密關係領域的暢銷書《男人來自火星，女人來自金星》（*Men Are from Mars, Women Are from Venus*），他為人們提供廣泛資源，幫助男性和女性創造健康而充實的兩性關係。
2. **蓋伊和凱蒂・亨德里克斯夫婦（Gay and Katie Hendricks）**：蓋伊和凱蒂是靈性影圈（Spiritual Cinema Circle）的創辦者。自他們墜入愛河的二十五年來，他們一直支持與幫助著每一位與他們相識的人，創造豐盈有愛的親密關係。他們在世界各地培訓教練，為人們帶來希望、愛與合一的體驗。
3. **保羅和萊恩・卡特萊特（Paul and Layne Cutright）**：保羅和萊恩・卡特萊特是暢銷書作家、教練和教師，自一九七六年以來一直保持著浪漫且富有創造力的伴侶關係。他們向成千上萬的人傳授了成功的家庭與商業關係的祕訣與策略。
4. **斯蒂芬妮・科萊麗（Stephany Crowley）**：如今網路約會已經成為了尋找完美伴侶的方式之一，畢竟，克里斯正是透過網路找到自己的愛妻。但是如果你不得其法，網路約會也有可能成為一件可怕、充滿不確定而且浪費時間的事。斯蒂芬妮撰寫了《電子約會的祕密》（E-Dating Secrets），此書有關電子約會的祕訣，並開設了相關課程，旨在幫助人們快速成為網路約會專家。

家庭與孩子

1. **麗莎・尼古拉斯（Lisa Nichols）**：麗莎已經傾力幫助了五萬多名有自殺傾向的青少年，並幫助了兩千多人免於自殺。她是我們見過的最有力量、最有熱情、最直率的演講者和培訓師之一。著有《激勵青少年的心靈》（*Motivating the Teen Spirit*）。

2. **超級營地和量子學習網（SuperCamp and Quantum Learning Network）**：超級營地對孩子和家長均能產生強大的影響力，它基於讓學習變得簡單有趣的理念而研發課程，注重培養同輩之間積極的支持關係，以及為參與者精心打造優質的環境。他們使用隱喻和象徵手法來幫助孩子們克服前進過程的障礙，例如設置擊板、繩索類課程等。超級營地非常適合孩子與家長共同參與，該課程在世界多地均有開設。

個人成長

1. **學習策略公司**（**Learning Strategies Corporation**）：保羅．席列和皮特．比索內創造了強大的學習工具，幫助人們使用加速學習技巧、前意識處理技巧和神經語言程式設計技術，來學習各類實用學科知識。學習策略公司的產品種類繁多，從高倍速閱讀法到天才大腦，從記憶優化器到任何你可能想要提升的領域，這裡的學習工具品質頂尖，值得探索。https://www.learningstrategies.com/Home.asp
2. **雷夫科研究所**（**Lefkoe Institute**）：莫迪．雷夫科（Morty Lefkoe）設計了一套強大的流程讓人們消除阻擋前行的恐懼，運用領域十分廣泛，從克服演講恐懼到如何面對變化、成為更好的父母，再到如何提升高爾夫水準都有效，成功幫助了許多人應對諸如飲食失調、憂鬱症、暴力、壓力等問題。https://www.mortylefkoe.com/
3. **教練城**（**CoachVille**）：教練城是全球最大的教練協會網路，如果你有意成為一名教練或與教練取得聯繫，那麼這個網站很適合你。https://coachville.com/

HEART
心|視野　心視野系列 139

喚醒原動力的熱情測試
指引你活出使命、校準人生軌跡的高頻情緒

The Passion Test: The Effortless Path to Discovering Your Life Purpose

作　　　者　珍妮特・艾特伍德（Janet Attwood）、克里斯・艾特伍德（Chris Attwood）
譯　　　者　劉佳昕
審　　　訂　胡咪
封 面 設 計　Dinner Illustration
內 文 設 計　點點設計 × 楊雅期
行 銷 企 劃　林思廷
主　　　編　陳如翎
出版二部總編輯　林俊安

出 版 發 行　采實文化事業股份有限公司
業 務 發 行　張世明・林踏欣・林坤蓉・王貞玉
國 際 版 權　劉靜茹
印 務 採 購　曾玉霞・莊玉鳳
會 計 行 政　李韶婉・許俽瑀・張婕莛
法 律 顧 問　第一國際法律事務所　余淑杏律師
電 子 信 箱　acme@acmebook.com.tw
采 實 官 網　http://www.acmebook.com.tw
采 實 臉 書　http://www.facebook.com/acmebook01

I S B N　978-626-349-763-4
定　　　價　420
初 版 一 刷　2024 年 8 月
劃 撥 帳 號　50148859
劃 撥 戶 名　采實文化事業股份有限公司
104 台北市中山區南京東路二段 95 號 9 樓
電話：(02)2511-9798　　傳真：(02)2571-3298

國家圖書館出版品預行編目資料

喚醒原動力的熱情測試：指引你活出使命、校準人生軌跡的高頻情緒 / 珍妮特・艾特伍德（Janet Attwood）、克里斯・艾特伍德（Chris Attwood）著；劉佳昕譯 . -- 初版 . – 台北市：采實文化 , 2024.08
384 面；14.8X21 公分 . -- (心視野系列；139)
譯自：The Passion Test: The Effortless Path to Discovering Your Life Purpose
ISBN 978-626-349-763-4 (平裝)
1.CST: 自我實現 2.CST: 人生哲學 3.CST: 生活指導
177.2　　113009783